本书由中共山东省委党校（山东行政学院）2022年重大项目攻关创新科研支撑项目"数字经济、要素流动推动外贸绿色发展的作用机理及实现路径研究"（编号：2022CX072）资助。

高铁建设、劳动力流动对产业结构优化升级的影响研究

冯其云 著

人民出版社

目　　录

绪　论 ……………………………………………………………… 1

第一章　高铁影响劳动力流动和产业结构升级的理论分析 …… 13

第一节　高铁驱动劳动力流动的理论分析 ………………… 13

一、高铁对劳动力流动的影响 ……………………………… 13

二、高铁对高技能劳动力流动的影响 ……………………… 14

三、高铁对不同城市高技能劳动力流动影响的差异性 ……… 15

四、高铁影响高技能劳动力配置的作用机制 ……………… 16

五、高铁影响农民行为选择的理论机理分析 ……………… 16

第二节　高铁促进产业结构升级的理论分析 …………… 18

一、高铁建设促进产业结构升级的理论假说 ……………… 18

二、高铁建设对产业结构升级影响的作用机制 …………… 20

第二章　中国高速铁路、劳动力流动及产业结构发展情况 …… 24

第一节　中国高速铁路网络数字化发展情况 …………… 24

一、中国高铁技术发展情况 ………………………………… 24

二、高铁的资本投入 ………………………………………… 30

三、高铁产业发展情况 ……………………………………… 31

四、高铁的区域分布 ………………………………………… 33

  第二节　数字高铁网络背景下劳动力流动情况 ⋯⋯⋯⋯⋯ 35

  　一、高铁驱动劳动力流动 ⋯⋯⋯⋯⋯⋯⋯⋯⋯⋯⋯⋯ 35

  　二、高铁驱动劳动力流动的异质性 ⋯⋯⋯⋯⋯⋯⋯⋯⋯ 36

  第三节　中国产业结构发展情况 ⋯⋯⋯⋯⋯⋯⋯⋯⋯⋯⋯ 42

  　一、产值结构变化 ⋯⋯⋯⋯⋯⋯⋯⋯⋯⋯⋯⋯⋯⋯⋯ 42

  　二、产业结构对经济增长的影响 ⋯⋯⋯⋯⋯⋯⋯⋯⋯⋯ 43

  　三、三次产业就业结构变化 ⋯⋯⋯⋯⋯⋯⋯⋯⋯⋯⋯⋯ 45

  　四、产业结构的国别比较 ⋯⋯⋯⋯⋯⋯⋯⋯⋯⋯⋯⋯⋯ 46

  第四节　数字高铁网络背景下的产业结构变化 ⋯⋯⋯⋯⋯ 47

第三章　高速铁路对劳动力流动的影响 ⋯⋯⋯⋯⋯⋯⋯⋯⋯ 49

  第一节　高速铁路对高技能劳动力流动的影响 ⋯⋯⋯⋯⋯ 49

  　一、问题的提出 ⋯⋯⋯⋯⋯⋯⋯⋯⋯⋯⋯⋯⋯⋯⋯⋯ 49

  　二、模型构建和数据选取 ⋯⋯⋯⋯⋯⋯⋯⋯⋯⋯⋯⋯⋯ 50

  　三、实证结果及分析 ⋯⋯⋯⋯⋯⋯⋯⋯⋯⋯⋯⋯⋯⋯⋯ 57

  　四、估计结果的稳健性分析 ⋯⋯⋯⋯⋯⋯⋯⋯⋯⋯⋯⋯ 65

  　五、机制检验 ⋯⋯⋯⋯⋯⋯⋯⋯⋯⋯⋯⋯⋯⋯⋯⋯⋯ 69

  　六、研究结论 ⋯⋯⋯⋯⋯⋯⋯⋯⋯⋯⋯⋯⋯⋯⋯⋯⋯ 71

  第二节　高铁对农村劳动力务工与务农行为选择的影响 ⋯⋯⋯ 73

  　一、样本所在地高铁发展状况 ⋯⋯⋯⋯⋯⋯⋯⋯⋯⋯⋯ 73

  　二、样本行为选择的高铁驱动特征 ⋯⋯⋯⋯⋯⋯⋯⋯⋯ 75

  　三、农村劳动力务工与务农行为选择影响因素分析 ⋯⋯⋯ 78

  　四、高铁对农村劳动力务工与务农行为选择影响的计量模型 ⋯⋯ 81

  　五、高铁对农村劳动力务农与务工行为选择影响的实证分析 ⋯⋯ 86

  　六、研究结论 ⋯⋯⋯⋯⋯⋯⋯⋯⋯⋯⋯⋯⋯⋯⋯⋯⋯ 95

第四章　高铁建设对产业结构升级的影响 ⋯⋯⋯⋯⋯⋯⋯⋯ 97

  第一节　高铁对产业结构优化升级的影响分析 ⋯⋯⋯⋯⋯ 97

一、高铁对产业结构高度化的影响分析 ·············· 97

二、高铁对产业结构合理化的影响分析 ·············· 98

三、高铁对产业结构生态化的影响分析 ·············· 98

第二节　模型选择、数据说明及指标选取 ·············· 99

一、模型选择 ······························ 99

二、数据来源 ····························· 101

三、变量设定 ····························· 101

第三节　实证结果及分析 ······················· 104

一、基准回归结果 ························· 104

二、空间 DID 模型估计结果 ················· 106

第四节　异质性分析 ·························· 108

一、不同地理区位的异质性 ················· 108

二、不同规模城市的异质性分析 ············· 110

第五节　稳健性检验 ·························· 112

一、改变样本范围 ························· 112

二、改变高铁变量测度方式 ················· 113

三、改变权重矩阵 ························· 114

第六节　高铁对产业结构优化升级的进一步探讨 ······ 115

第七节　研究结论 ···························· 116

第五章　高铁建设、劳动力流动对产业结构优化升级的影响
　　　　——基于知识密集型产业的检验 ·············· 118

第一节　高速铁路对知识密集型产业的影响现状分析 ·········· 118

第二节　高速铁路对城市知识密集型产业发展影响案例研究 ······ 120

一、主要城市高铁的分布状况 ··············· 120

二、知识密集型就业增长与空间集中 ·········· 122

三、知识密集型产业发展及其空间动态 ·········· 124

第三节　高铁发展对知识密集型产业影响的模型构建…………126

　一、面板模型设定………………………………………126

　二、变量定义…………………………………………127

第四节　高速铁路对城市知识密集型产业发展的作用………129

　一、高铁对大城市知识密集型产业发展的影响…………129

　二、高铁对大城市知识密集型经济空间集聚的影响………131

　三、高铁对大城市知识密集型经济专业化的影响…………133

第五节　研究结论…………………………………………135

第六章　高铁驱动产业结构优化升级的作用机制研究……140

第一节　检验模型构建和变量说明………………………140

第二节　机制检验…………………………………………141

第三节　机制分解…………………………………………143

第四节　研究结论…………………………………………147

第七章　高铁建设、劳动力流动促进产业结构优化升级的路径……………………………………………149

第一节　高铁建设、劳动力流动对产业结构优化升级效应的研究结论…………………………………………………150

　一、高铁对高技能劳动力流动的影响……………………150

　二、高铁对农村劳动力流动的影响………………………151

　三、高铁建设、劳动力流动对产业结构升级的影响………151

　四、高铁驱动产业结构优化升级的作用机制研究…………152

第二节　提升高铁驱动下高技能劳动力配置效率…………153

　一、进一步带动高技能劳动力合理有效市场配置…………153

　二、缩小高技能劳动力要素配置区域差距………………154

　三、优化本地人力资本配置………………………………154

四、依托综合立体交通网络畅通人才流动渠道 ················ 154

第三节 增强高铁驱动下农村劳动力要素配置效率 ············ 155

一、完善高铁网络促进农村劳动力配置 ················ 155

二、增强农村劳动力吸收高铁经济效应的能力 ············ 156

三、加强农村劳动力职业技能培训 ··················· 156

第四节 产业结构优化升级路径 ······················ 157

一、协调高铁建设与产业结构转型升级的同步性 ·········· 157

二、政府引导地区要素资源合理配置 ·················· 157

三、降低高铁对产业合理化的不利效应 ················ 158

四、高铁运力促产业绿色转型 ······················ 158

五、构建多中心的城市群产业结构升级的空间协调路径 ······· 159

六、优化高铁空间布局和效益 ······················ 160

七、依据城市自身异质性优化产业结构 ················ 160

参考文献 ···································· 162

绪　论

　　产业结构升级是中国经济由高速增长阶段转向高质量发展阶段的核心和关键。产业结构优化升级不仅是持续释放经济增长潜力、调整经济结构的重要途径,也是推动经济质量变革和效率变革的重要抓手(杨骞和秦文晋,2018)。现阶段我国要想实现经济的高质量发展、持续获得经济增长动力,仍需在推动产业结构优化升级方面寻找突破点。在中美贸易摩擦不断升级与新冠肺炎疫情在全球蔓延、国际市场空间相对压缩叠加的严峻形势下,能否以现代化交通基础设施改善为契机,通过对国内市场空间纵深化的利用与整合来发挥"大国"优势,在更大范围和更深层次上挖掘产业转型升级的新动力成为一个亟待解决且具有重要现实意义的问题。

　　为贯彻落实党中央、国务院关于促进数字经济发展的决策部署,有力支撑交通强国建设,交通运输部印发《数字交通发展规划纲要》,其中"建设现代化高铁交通运输体系,推进高铁与其他运输方式一体化融合发展,提高高铁网络效应和运营效率"成为新时期交通行业发展的重点。数字交通是数字经济的重要组成部分,高铁作为数字交通中现代交通运输体系提升的标志具有重要研究价值。

　　高铁作为国家的重要基础设施和大众化交通工具,由于具有速度快、舒适度高、能耗低、经济效益好等显著优势,引起了学术界和社会公众的广泛关注。自2008年8月1日中国第一条高速铁路京津城际铁路建成运营以来,经过十余年的迅速发展,高铁已覆盖了全国93%人口规模50万以上的城市,实现了从"没有高铁"到"全世界高铁运营里程最长、在建规模最大"的巨大转变。相关研究表明,高铁缩短了城市间的时间和空间距离,促进劳动力、资本、信息等要素在城市间快速流动(王雨飞和倪鹏飞,2016),并显著改善特定地点服务业可达性,提升沿线城市服务业就业水平(朱文涛等,2018)。高铁开通带来的社会经济影响以及我国经济转型现状,引发我们对高铁的产业结构效应进行深入思考:高铁开通是否促进了我国产业结构优化升级? 高铁对产业结构高度化、合理化及生态化分别产生了何种影响? 其深层次的内在作用机理是怎样的? 本书将高铁建设作为数字经济中数字交通的代表,从数字交通的网络效率和运营效率出发对产业结构高度化、合理化及生态化的影响及作用机制进行深入剖析。

一、研究背景与意义

(一)研究背景

高铁作为数字交通中现代交通运输体系提升的标志,其重要性日益凸显。目前,我国已成为高速铁路系统集成能力最强、技术最全面、运营里程最长、在建规模最大的国家。2008年我国第一条真正意义的高铁——京津城际铁路开通后,高铁建设在中国遍地开花。2015年底,全国高铁基础网络初步形成、服务水平大幅提升,基本缓解了我国铁路运能紧张的状况。国家发展改革委、交通运输部、中国铁路总公司于2016年7月13日联合发布的《中长期铁路网规划》进一步提出了"八纵八横"高速铁路网建设规划,到2020年全国高铁覆盖80%以上大城市。截至2022年底,全国铁路营业里程15.5万公里,其中高铁4.2万公里。

伴随高铁发展的惠及面进一步提升,高铁成为影响我国城市要素流动的重要力量。中国正处于高速铁路大规模建设期,运输成本降低加速了城市之间劳动力、资金等生产要素的自由流动和高效配置。高速铁路的发展深刻地影响着城市发展的各个方面(Willigers 和 Wee,2011;Li et al.,2018)。一方面,高速铁路建设促进了劳动力自由流动,扩大了劳动力的流动范围(Guirao et al.,2018),尤其是促进了高技能劳动力流动(Haynes,1997),扩大了城市人口规模(Sands,1993;Verma et al.,2013);另一方面,高速铁路影响了站区周边的房屋价格(Geng et al.,2015),改变了站区周边的土地利用模式,通过房价的变化,间接影响劳动力、资金、土地等要素价格变化。

高铁建设大大缩小了地区间时空距离,对资源要素结构重构及经济时空格局产生重要影响,为地区产业结构升级创造有利条件。随着我国全面进入"高铁时代",高铁将深刻影响我国区域经济发展格局和产业结构优化升级。与传统运输方式相比,高铁建设压缩了城市之间的时空距离,有助于城市间要素市场特别是劳动力要素市场的深度整合和开发。改革开放以来,依托丰富的资源禀赋及劳动力优势,以劳动密集型产业为主的粗放型发展模式加速了国家工业化进程,但由于初期东部优先发展策略的实施,我国地区发展不平衡问题依然凸显。尤其在 2008 年金融危机后,国际经济形势低迷,人口红利带来的劳动力成本优势逐渐丧失,要素资源和生态环境约束导致大量劳动密集型加工企业搬迁,过去我国以要素投入为主的外向型、粗放型经济增长方式已经难以为继,我国经济结构转型升级迫在眉睫。而受之于诸多产业自主创新能力不足、产业布局过于分散及产能过剩等严重问题,目前我国产业结构转型升级的速度和质量还远远不足。中共十八届三中全会提出要发挥"市场在资源配置中的决定性作用",通过市场竞争的高效调节来实现资源配置的帕累托最优。然而,由于垄断、外部性等市场失灵因素,导致我国要素资源的初始分布存在严重行业间、地区间的错配问题(韩剑、郑秋玲,2014)。高铁作为国家发展战略,作为提振我国经济的重要交通基础设施投资项目,在促使我国交通网络格局不断优化的同时,必将成为我国产业结构优化升级的新带动点。

高铁开通为促进产业结构升级开辟了一条新路径。当前,中国经济正由高速增长阶段转向高质量发展阶段,我们不仅要关注经济增长等总量问题,更要关注产业发展的结构问题。在理论层面,一方面,高铁作为现代化新型快捷的大容量客运交通方式,相对于传统客运交通运输方式来说,其最直接效应为压缩地区间的时空距离,促进劳动力等生产要素的跨区域流动,提高当地市场潜力,专业化分工带来的规模经济有利于沿线城市物流业、旅游业和高端服务业的发展(Pol,2003;邓涛涛等,2017);另一方面,高铁缩短了知识传播的空间距离,促进了行业间知识溢出,驱动技术创新。第三产业的快速增长和技术创新水平提升对产业结构转型升级产生显著正向作用(Glaeser,1999;Greunzl,2004;焦勇,2015;Holl,2016;宣烨等,2019)。高铁驱动下的生产要素流动会通过提升市场潜力、促进技术创新、优化资源配置等途径影响地区产业结构升级。

(二)研究意义

本研究尝试利用产业经济学、城市经济学、经济地理学等多学科理论进行交叉研究,对相关理论模型和研究理论进行修正,构建中国高铁、要素流动对城市产业经济发展的分析框架体系。第一,从劳动力要素流动视角出发,研究高铁建设对城市产业结构升级的效应与作用机理。研究中以劳动价值论思想为指导,把交通基础设施、劳动力要素、技术、组织、产业等统一起来,有助于厘清高铁开通对产业发展的效应,并深度剖析高铁对产业结构优化升级的作用机理,从要素流动视角拓展了高铁对产业结构升级作用的研究宽度和深度。第二,将高铁这一现代化交通基础设施引入产业结构升级的作用因素中,系统研究了高铁开通和产业结构升级的内在逻辑关系,深入揭示产业优化升级的本质属性和运行规律,为我国产业转型升级和经济高质量发展提供理论支撑,拓展了原有产业结构升级的研究视角。第三,从时间和空间双重维度测度高铁、要素流动对产业结构优化升级的影响。本研究利用跨学科的理论模型,对经济学中相关概念指标予以量化,利用城市空间结构理论、空间计量模型及空间实证检验,测度高铁发展对城市间要素流动的空间效应,并对高铁的产业结构的空间溢出效应进行了测度,补充了高铁对要素流动空间效应和产业结构优化升级空间效应的研究。

高铁建设带来要素资源的快速流通,时间距离的缩短提高城市之间的可达性,进而扩大沿线城市的辐射范围,给不同城市产业结构升级带来差异性影响。本研究的现实意义主要体现在以下四个方面:首先,本研究对中国高速铁路网络建设与完善具有重要意义。中国高速铁路建设对城市产业结构的影响表明,中国高速铁路网络建设需继续完善并实现区域间的合理规划。依据高铁对城市经济产业结构的影响结果和城市间产业结构的差距,可清晰勾勒出我国高铁继续发展的空间范围和改进层面,因此本研究对我国提升高速铁路网络建设的空间布局合理性具有重要现实意义。其次,本研究对优化高铁串联起的城市间产业结构优化升级具有重要意义。本研究探明了高速铁路影响城市产业结构优化升级的动力机制,通过对相关动力因素的协调,有助于优化城市产业结构,缩小城市经济差距,为更好发挥高铁对经济的促进作用具有重要现实意义。再次,本研究对探析高铁带动劳动力要素的流动,进而带动其他要素伴随劳动力载体流动的现象具有现实意义。高铁带动的要素流动在不同城市间存在差异性,各城市要重视这种要素流动差异性带来的经济发展影响。因此,在人才向高铁中心城市集聚的同时,边缘城市面临巨大的人才流失。本研究的结论为从国家层面以高铁建设引导劳动力合理流动,制定相应的人才政策和引才机制,促进其他要素的合理流动具有重要政策借鉴价值。最后,本研究对社会经济空间格局均衡发展具有重要意义。本研究厘清了高铁通过要素流动对城市产业结构的影响机制,研究结果为社会经济空间格局的均衡化发展提供高铁层面的政策借鉴,具有重要现实意义。

二、研究目标与内容

(一)研究目标

本研究拟构建高铁影响要素流动进而作用于城市产业结构优化升级的分析框架,分析高铁通过要素流动对城市产业结构的影响,并从不同行业层面具体展开,最终得出高铁对城市产业结构升级的影响及作用机制。

相关子目标包括(1)高铁发展对城市产业结构影响的特征。利用空间及社会经济数据,包括大量高铁运行数据和城市产业结构数据,得出高铁对城市产业结构影响的具体特征。(2)高铁对异质性劳动力要素流动的影响,并关注高铁对高技能劳动力和农民工群体流动性的影响。(3)以知识密集型产业为例,检验高铁对产业结构的影响。(4)高铁对产业结构影响的效应研究。(5)高铁促进城市产业结构升级的动力机制。

(二)研究内容

高铁作为数字交通中现代交通运输体系提升的标志,其对社会的经济效应具有重要研究价值。本研究以中国产业结构为研究对象,从要素流动视角揭示高铁对中国城市产业结构升级的效应及作用机制。

研究内容主要为:

第一章:本部分从高铁驱动劳动力流动的理论分析和高铁影响产业结构的理论分析两个方面,对研究所需的理论基础进行论证。第二章:借助社会经济数据和高铁运营数字交通数据,对中国高铁建设、劳动力流动、产业结构发展现状进行全面系统分析,刻画高铁建设、劳动力流动、产业结构发展的基本特征。

第三章:在提出研究假设的基础上,构建计量模型就高铁对劳动力要素流动的影响展开实证检验,并进一步从空间角度进行了检验,结果表明高铁促进了劳动力流动,尤其对高技能劳动力流动发挥显著促进作用,高铁提高了农村劳动力进城务工的便利性。

第四章:本部分分别从产业结构高度化、合理化及生态化三方面实证检验了高铁对产业结构升级的影响,结果表明高铁显著促进了我国产业结构优化升级。

第五章:知识密集型产业对产业结构优化升级发挥重要作用,因此本部分以知识密集型产业为代表,检验高铁对知识密集型产业的影响,结果表明高铁发展对知识密集型产业就业有显著的正向影响。

第六章:本部分从资源再配置视角对高铁建设作用于地区产业结构升级的机制进行研究。从要素资源配置来看,高铁开通加速了劳动力流动,并且要素资源的配置作用实现高铁开通后产业结构由低级向高级的动态转变。通过中介效应模型检验高铁建设的资源再配置效应发现,劳动力流动通过规模经济效应、技术创新效应及资本劳动配置效应对产业结构产生影响。

第七章:总结了从要素流动视角高铁驱动产业结构升级的研究结论,并进一步提出了相关政策建议。

三、国内外文献综述

(一)高铁对劳动力流动的影响

高铁是影响劳动力流动的一个关键变量。纵观历史,交通基础设施通过作用于流动成本来影响劳动力流动。道路或铁路运输的使用提高了区域内的就业、工资和国内生产总值(Michaels,2008;Banerjee et al.,2020;Gibbons et al.,2019),带动了劳动力流动(Guirao et al.,2018)。第一,高铁通过节约通勤时间,增加了城市间旅行的便利性(Wang et al.,2013),扩大了劳动力市场(Blum et al.,1997;Graham 和 Melo,2018)。中国大约74%的人口可使用高铁完成 2 小时内的旅行(Wang et al.,2015),这对劳动力市场产生了重要影响。第二,高铁通过提高城市的可达性,影响人口数量和城市内职工的组成结构。从全国尺度看,高铁扩大了可达性的区域范围(Weng et al.,2020),有助于劳动力在不同城市间的工作通勤、商务活动及休闲活动,有助于进一步在空间上扩大劳动力市场空间范围。第三,从中期来看,高铁促进家庭和企业沿高铁沿线迁移(Yin et al.,2015),高铁建设产生的集聚效应促进了城市就业增长,促进劳动力向互联城市流动,重塑了城市就业结构。第四,由于改善了城市交通,高铁对房价产生积极影响(Debrezion et al.,2011;Pan 和 Zhang,2008;Chen 和 Haynes,2015)。高铁开通运营后,车站附近的土地价格大幅上涨(Haynes,1997)。劳动力在房价和通勤成本之间进行权衡选择(Haas 和 Osland,2014),高铁通勤便利性促进了居住地和工作地的分离,促进了工作地和居住地之间劳动力的流动。第五,高铁产生经济集聚效应,促进了区域经济,同时拉大了区域间的差距(Sun 和 Mansury,2018),拉大的经济差距也促使劳动力为获取更高报酬而产生流动。学者们从劳动力迁移的角度讨论了高铁对大都市的影响(Guirao et al.,2017)。纵观历史,基础设施通过决定流动成本来决定人口和经济活动的分布。根据这一概念,最近的实证研究提供了令人信服的证据,证明道路或铁路运输的使用提高了区域内的就业、工资和国内生产总值(Michaels,2008;Banerjee et al.,2020;Gibbons et al.,2019),并对区域间贸易量产生了积极影响(Duranton et al.,2014)。相关研究表明,高铁建设产生了集聚和扩散两种力量。集聚导致了城市经济增长、大城市区域的形成、人口和产业的集中以及空间效能模式的变化;扩散导致了经济和社会活动的空间分化、全球化和空间互动,从而促进了网络模式的形成和发展空间组织(Jin,2012)。在高铁车站区域建立一家公司可能有助于获得更多的熟练劳动力,因为高铁服务可以使城市的距离缩短。在这种情况下,居住在这些城市的劳动力更容易来到位于高铁服务城市车站区的公司工作。至于劳动力市场,林(Lin,2017)认为,与高铁的连接导致就业增长 7%。同样,梅耶尔和特维里恩(Mayer 和 Trevien,2017)指出,区域快速铁路的开通可以将连接高铁网络城市的就业率提高 8.8%。其他研究也探讨了基础设施改善对工资的影响。例如,马和唐(Ma 和 Tang,2019)指出,外来务工人员的流入将对名义工资产生负面影响。芬格尔顿和斯穆罗(Fingleton 和 Szumilo,

2019)认为,与其他地点的联系是当地工资的关键决定因素,并发现高铁的改善对工资产生积极影响。

高铁通过对市场规模的作用进一步对劳动力流动产生影响。根据刘易斯(Lewis,1955)的分析框架,市场规模主要受地理与自然资源、人口规模、交通便利程度的影响,其中,交通成本和范围是影响市场规模的重要因素。史密斯(Smith,2015)也提出了交通对扩大市场规模的重要作用,他通过比较从伦敦到爱丁堡之间水陆运输费用的差额,说明了水运因为运输费用更低,比陆运开拓了更大份额的市场。因此,各种产业分工的深化和改良自然而然开始于沿海沿江或大运河一带,并因此提出了"一切改良的方式中,以交通改良为最有实效"的观点。传统经济理论忽视了经济生产和交换的空间维度,新经济地理学理论则对现实经济的集聚、要素的空间流动提供了更加符合现实的分析框架。克鲁格曼(Krugman,1991)认为现代经济学的局限性在于一般都忽视现实的空间,国家通常是一个没有大小的点,在国家内部,生产要素可以迅速、无成本地转移。他认为运输是有成本的,运输是影响地区间交易的一个重要原因。实证检验的结果也支持交通基础设施对市场规模的正向影响,例如,阿塔克等(Atack et al.,2008)的研究发现,19世纪中期美国铁路的兴建扩大了市场规模,提升了美国制造业企业规模;班纳吉等(Banerjee et al.,2012)在改革开放以后的中国也发现了类似的证据。具体地,当运输成本不断下降时,产业会向该地区集聚,市场容量因而不断增大。姜等(Jiang et al.,2014)认为改善运输服务可以降低企业的生产成本,提高生产效率。交通投资可以缩短地区间的时间距离,扩大市场空间,有助于企业从更广阔范围内吸纳劳动力。

(二)高铁对知识密集型经济增长的影响

高铁与知识密集型经济发展的关系引起了学者的关注。高铁增加了运输强度,扩大了劳动力和服务市场,影响了空间组织、产业结构、要素投入结构和区域比较优势,因此,高铁服务可以增加其服务地区的吸引力

（Chen 和 Hall,2011；Zhuo 和 Bohong,2017；Urena et al.,2009）。在此基础上,高铁可以促进经济一体化,形成功能区,从而加快企业和家庭的搬迁和调整,高铁通过快速、频繁和可靠的服务促进了发达地区知识密集型产业的发展（Blum et al.,1997）。一般认为,高铁建设促进了知识经济的快速增长（Tierney,2012）。对中国高铁的研究表明,对非常规认知技能依赖程度较高的行业,在高铁城市的市场中获益更多（Lin,2016）。

在高铁对知识密集型经济影响的研究可分为两类:第一类以高铁线路/站点周围区域为处理组,其余区域为对照组,进行准实验,并通过比较分析实验效果;第二类采用柯布—道格拉斯函数,用生产/生产率函数方法估算知识生产/生产率。前一种通过准实验来推断因果关系的方法,通常采用了观察研究中的差异（DID）估计和/或匹配方法,这些方法通常应用倾向性得分来进行匹配练习（Komikado 和 Kato,2018；Inoue et al.,2017；Tamura,2017）。生产/生产率函数法将经济或知识生产/生产率与可达性、R&D 资本、研究人员及行业特定变量结合起来进行回归分析（Komikado 和 Kato,2018；Graham et al.,2009；Graham,2007）。

（三）高铁对产业发展的影响

伴随高铁经济效应研究的不断深入,学者们开始探究高铁对产业发展的影响,认为高铁增加交流机会,带动了整个区域各产业的发展（Kobayashi,1997）。相关研究主要集中于高铁对第二、三产业和产业集聚的影响。在第二产业方面,学者认为工业发展变化是铁路对社会经济产生的中介（朱从兵,1998）。在第三产业方面,学者普遍认为高铁建设促进了服务业发展。高铁建设有助于第三产业尤其是旅游业和服务业就业人口提升（Nakamura,1989）,帮助城市产业转型,由传统工业为主的产业结构转型到旅游和商务服务业为主的产业结构（Mathieu,1993）。高铁建设强化了城市间经济联系,促进了生产要素区域间快速流动和集聚,显著提升了沿线站点城市的服务业就业水平（朱文涛等,2018）,推动了旅游、商业经济、文化教育等与人流聚集有直接关系的现代服务业的发展

（Gutiérrez,2001）。高铁建设替代了部分航空业市场份额改变了旅游业的发展（Albalate,2016），高铁在提高旅游目的地和客源地日常可达性的同时，进一步推动沿线旅游经济带的形成，实现产业优化升级（李保超等,2016）。此外，陈和维克曼（Chen 和 Vickerman,2017）发现高铁建设将促进知识密集型经济就业人数产生变化，并优化产业结构。

伴随高铁对第二产业、第三产业影响的研究日益增多，一些学者开始转向研究高铁对产业集聚的具体影响，发现高铁建设促进了产业集聚。从新经济地理学视角，学者研究高铁对中部地区地级市工业集聚的影响，结果显示高铁明显提高沿线城市工业集聚度，并且工业集聚度会随高铁开通班次数量的增多而增强（卢福财和詹先志,2017）。部分学者研究了高铁对沿线城市服务业集聚的影响，发现高铁开通初期对服务业集聚影响并不显著，但随着高铁网络的不断完善，高铁对沿线城市服务业集聚产生显著促进作用（邓涛涛等,2017）。高铁开通可以增强城市服务业集聚对城市生产率的贡献，并通过人力资本、投资效应及城市规模三类中介机制实现产业生产效率提升（张明志等,2019）。

（四）高铁对产业结构升级的影响研究

多数研究认为高铁建设有助于产业结构的提升和第三产业的发展。学者们通过对高速铁路开通前后沿线城市经济发展情况分析，发现高铁提升了沿线城市的产业结构水平（罗鹏飞,2004）。高铁具有促进产业结构升级功能主要基于下列原因：第一，高铁开通有效促进了知识扩散效应，为促进区域产业结构变迁提供重要条件。高速铁路开通提高经济主体之间知识交流频次，可以有效推动知识密集型行业的发展，进而影响区域的产业结构状况（Trip,2005）。陈和荷尔（Chen 和 Hall,2011）通过对伦敦周边城市产业结构状况进行分析，发现高速铁路的开通提高了知识主体之间面对面交流频率，加快了隐性知识传播，促进了知识、技术密集型产业发展，对当地产业结构水平发挥促进作用。第二，高铁改善了交通运输条件，压缩了城市间的时间距离，提升了高铁城市区位优势，促进区域产业结构升级。苏文俊(2009)采用我国鲁西南地区数据研究得出,高速铁路技术不断提升使得城市之间的时间距离显著缩短,相应也提高了城市经济发展潜力和产业结构水平。高速铁路的发展通过改变城市之间的交通运输条件,促进服务业水平的提升,有效带动相关联产业上下游之间进行协同创新,促进国家产业结构优化升级(苏顺虎,2010)。张楠楠和徐逸伦(2005)从交通系统、经济系统及区域空间三方面进行分析,指出高铁可以创造新区位优势,形成新产业带,带动沿线城市产业发展和产业结构升级。然而,由于不同城市区位和资源禀赋存在差异,高铁为各城市带来的经济增长程度和产业结构升级水平有所不同(金凤君,2003)。第三,高铁加剧了市场竞争,推动产业结构升级。高速铁路的开通促进了沿线不同城市之间的物流、资金流、人流、信息流,推动了不同区域之间的产业合作与互补,推动了市场竞争性,也有效避免了沿线区域产业结构趋同,促进了区域经济协同(王宏顺和王静,2010)。

(五)文献评价

通过对现有文献的梳理可以看出,国内外关于高铁的相关研究日渐深入,现有研究较为深刻地探讨了高铁建设对区域经济格局及要素资源空间动态配置的影响,但鲜有学者以高铁开通作为政策冲击来研究其对产业结构优化升级的影响,对于高铁促进产业结构高度化、合理化、生态化的具体作用机理也没有清晰阐释。高铁建设所引起的要素资源再配置效应、产业效应及区域经济发展的内在关联还有待进一步深化。另外,高铁建设在资源配置和产业效应方面的区域差异性及其内在成因也是研究中不可忽略的部分。因此,本研究力求对已有文献研究进行补充,在详细阐述高铁开通对产业结构优化升级的影响后,进一步采用地级市层面数据来实证检验高铁对产业结构优化升级的作用机制。

第一章　高铁影响劳动力流动和产业结构开放的理论分析

第一节　高铁驱动劳动力流动的理论分析

一、高铁对劳动力流动的影响

运输通道理论认为,交通基础设施的完善具有时空压缩效应。高速铁路建设缩减了城市间通行时间,淡化了城市的行政边界,加快了生产要素的流动速度与频率。我国高速铁路主要以旅客运输为主,高铁开通加快了劳动力流动,劳动力流动带动知识资本、信息资源在城市间的流动,促进了各种生产要素的空间整合与重组,市场整合有利于产生更大的本地劳动力市场。

高铁对劳动力流动产生积极影响主要得益于区域可达性的提高。从劳动力供给角度来看,高铁缩短了城市间的通行时间,增加了城市劳动力供给。(1)高铁以更低时间成本、更快速度承担起城际客流运营任务,降低了劳动力流动的时间成本,增加个体搜寻工作的可获得性,让劳动者在更大范围内找到合适的工作,从而促进劳动力流动。(2)铁路改变了城市在更大空间的区位条件,使得区位条件好的城市能获得更多收入和福利,从而促使劳动力流入。(3)城市可达性改变了城市区位条件(地位),扩大或缩小城市间的效用差,也影响劳动力迁移决策。从就业需求角度来看,传统的区位理论和新经济理论模型认为,区位优势是由运输和要素成本决定的,高铁建设可以改善城市间交通运输条件,提高区域可达性,降低企业在生产过程中的运输成本,从而使城市竞争力提高,吸引更多企业入驻。一方面,新入驻企业自身需要劳动力来进行生产;另一方面,新劳动力和企业入驻将增加对新服务活动的需求,进一步增加劳动力需求。同时,高铁建设对沿线城市劳动力需求的拉动具有产业差异性。现有研究发现,高铁建设主要对第三产业,尤其是消费业和生产性服务业劳动力需求影响较大。基于此,本研究提出如下假设:

假设1:高铁建设通过增加沿线城市劳动力需求促进劳动力流动,影响城市产业—就业结构的协调,而且高铁开通对第三产业的劳动力资源配置效果较为显著。

此外,高铁建设对劳动力流动方向的影响存在着区域差异,一方面,高铁促进人口由大城市向邻近城市转移,缓解市区的人口、产业发展压力;另一方面,高铁中心城市又对高铁外围城市和中小城市的劳动力具有虹吸作用。因此,高铁对劳动力流动的作用具有两面性,在中心城市和大城市吸引劳动力的同时,加剧了中小城市劳动力的流失。许多研究表明,高铁促进了资源向大城市聚集,从而加剧了区域间的不平衡。基于此,本书提出如下假设:

假设2:高铁建设通过加快劳动力流动提高劳动力供给与需求的匹配,促进城市产业—就业结构的协调,但经济发达的东部地区及大城市的作用效果显著。

二、高铁对高技能劳动力流动的影响

高铁的特点是票价高,通勤者主要是高技能工人,因此高铁对高技能劳动力流动产生重要影响。高铁扩大了劳动力市场,促进高技能劳动力的流动。原因如下:第一,高铁建设极大地优化了原有交通网络,压缩了时空距离,吸引人才等要素集聚,尤其是为促进地区之间企业家的交流和合作创造了条件,而高级人才流动带来的知识外溢对加快沿线城市的经济发展具有重大意义。第二,高铁服务和车站位置是重要作用因素。高铁服务可以使城市的距离缩短,因此在高铁车站辐射区域建立企业有助于获得更多高技能人才。第三,高铁减少了城市间的通勤时间,降低了高技能劳动力面对面交流的成本,提高了生产率,有效促进了高技能劳动力流动,并为高技能劳动力提供了进入更大市场的机会。第四,高铁建设促进了知识经济快速增长(Tierney,2012),高铁对更依赖人员和信息流的服务业和知识密集型行业劳动力流动的效应更显著(Hall,2009;Murakami 和 Cervero,2012;Wang 和 He,2019)。对中国高铁的研究表明,在高铁驱动下,对非常规认知技能依赖程度较高的行业进入其他城市市场后可获得更多收益(Lin,2016)。基于上述分析提出假设:

假设 3:高铁促进了中国高技能劳动力的流动。

三、高铁对不同城市高技能劳动力流动影响的差异性

高铁对高技能劳动力空间分布的影响并不是均衡的。一方面,高铁对高技能劳动力就业机会的影响存在区域差异性。部分学者认为高铁对市场和企业的就业影响在区域层面之间并不明显。换言之,它的影响可能只涉及已经位于同一城市或同一地区的企业,城市吸引外来企业的能力没有大的变化。也有学者认为,高铁对企业的影响取决于站点的类型,无论是外围站点还是中心站点,由于优化策略的不同,外围站点之间几乎没有一致性。尤其是外围地区已被证明因企业迁往大城市而在产出和就业方面遭受损失。另一方面,高铁在不同城市对高技能劳动力的吸引力存在差异。一是由于运输成本的降低,从国家层面高铁增加高技能工人就业机会,高铁改变了中国高技能劳动力的空间均衡分布,但是地区层面

高铁的空间溢出效应仅在中国东部和东北部地区显著。高铁开通对于就业变动产生的"创造性破坏"作用更易发生在一线及新一线城市,且对距技术中心城市"1小时经济圈"内企业的溢出效应最为显著。二是高铁促使一部分高素质劳动力在城市居住,把工作地点转移到小城市,促进了外围城市获得更多的高素质工人。基于上述分析提出假设:

假设4:高铁对不同城市高技能劳动力流动的影响具有显著差异性,这一差异性与城市地理区位和城市规模密切相关。

四、高铁影响高技能劳动力配置的作用机制

高铁通过对市场的影响,作用于企业的劳动力就业,显著增强城市对高技能劳动力的吸引力。市场和企业的规模直接影响高技能劳动力的才能发挥与报酬数量。市场规模越大,对高技能劳动力的吸引力越大。市场和企业规模在很大程度上受当地交通便利程度的制约。高铁具有载客量高、耗时少、安全性好及准点率高等优势,缩小了城市间的时间距离。高铁服务通过提高城市在区域内的可达性,有助于扩大市场规模,提高城市对企业的吸引力,这一传导机制在中国同样适用。具体而言,逐步完善的高铁网及由高铁优势所带来的运输费用极大下降,将促使高铁成为各种物资、人员、信息及能量交流的重要载体和媒介,并通过整合区域内部与外界市场,扩大市场的规模。这种扩大的市场规模会促使企业规模变大,同时,也需要更多企业产生来满足扩大的市场规模,这些都会导致市场对高技能劳动力的吸引力增加。郑和杜(Zheng 和 Du,2020)认为机场和高铁是吸引创新活动空间集中的重要因素,这有利于吸引高技能劳动力的流动和集聚。基于上述分析提出假设:

假设5:高铁通过扩大市场规模,进而增加企业的数量和规模,吸引高技能劳动力的流动。

五、高铁影响农民行为选择的理论机理分析

家庭成员内部分工理论可很好阐释高铁冲击下农民是否选择务工的

行为选择问题。美国经济学家贝克尔(Becker)利用古典经济学基本工具,奠定了家庭成员内部分工理论的分析基础,认为应根据不同家庭成员的比较优势,将家庭中的人力资源合理分配到相应经济环境中,不仅会增加家庭收入,还会优化社会资源配置。自20世纪80年代,伴随工业化、城市化进程,农村劳动力开始大批涌入城市,基础农业逐渐被第二和第三产业的务工机会取代,传统的家庭内部分工模式也发生了变革。21世纪以来,中国高铁网络逐步完善,区域之间的时间距离代替了空间距离,农村与城市的人力、物力和信息交流渠道进一步拓宽,高铁不仅带来了商机,更为农民带来了就业机会,农民务工的空间范围得到进一步拓宽。高铁促进城市产业结构的承接,导致城市中缺乏大量的低技能劳动力,增加了农民务工就业机会。维纳布尔斯(Venables,2011)指出,劳动力会根据劳动力市场的需求,依据自身劳动力技能水平进行最优选择。高铁为农民打开了认知世界的新大门,农村劳动力尤其是新生代农村劳动力的技能水平在不断提升,促使农村劳动力务工人数激增。

高铁通过增加农民收入影响了农民行为选择。学者们对农民外出劳动,从事"非农"活动的行为有初步认识和理解,可以得出收入是影响行为选择的最主要因素(冯其云和姜振煜,2016)。交通基础设施的发展与农民收入息息相关。高铁开通促使高铁沿线农民收入实现了大幅度提升(刘玉萍和郭郡郡,2019)。高铁带来的经济效应由城市辐射至农村,创造了务工岗位,带动了农村经济发展,进一步助推农村脱贫增收。中国基础设施投资建设为改善农村交通基础设施提供了可能,通过农村与高铁城市的接驳,提高了农民务工的便利度,降低了务工选择成本。从福利经济学角度分析,高铁通过提高农民务工收入,可以降低农业收入的依赖性,提高农民务工积极性。伴随日益完善的高铁网络建设,中国版图上高铁网络的辐射区域不断增大,其经济效应对农民增收的带动效应也日益增强。高铁增加收入,进一步作用于农民工务工行为选择已逐步成为一种良性运行机制。

已有文献从内生因素和外生冲击出发寻找我国农民行为选择的原因,却忽略了交通运输,尤其是高铁对农民行为选择的影响。中国自2008年正式开通首条高铁线路以来,高铁建设进入了加速期。2021年,中国高铁总里程突破4万公里,稳居世界第一。高铁缩短了区域间的时间距离,经济效益由城市辐射至农村,拓宽了农民增收渠道,高铁网络的发展与农民工资性收入的增长,二者表现出的相同变化趋势为本研究提供了激励。

农民工是中国特有的一大流动群体,农村劳动力的务工和务农行为选择,对于农民增收、缩小城乡经济差距具有重要意义。鉴于交通运输因素尤其是高铁对农民行为选择文献的缺乏,本研究对此进行补充。

第二节　高铁促进产业结构升级的理论分析

一、高铁建设促进产业结构升级的理论假说

高铁建设作为一种公共服务,可以有效节省出行成本、缩小跨区域时空距离、提升客运效率及加强区域经济联系(Leunig,2006;周玉龙等,2018)。随着我国高铁建设加速成网,这势必形成一种强有力的外部冲击态势,对地区产业结构优化调整的影响必然是多样化且复杂的,尤其在当前经济转型及高质量发展战略背景下的作用将更加凸显。

(一)高铁开通促进地区产业结构形态转变

产业结构升级得益于要素资源的持续积累和高端化进程。而高铁建设可进一步强化区域特征优势,加速要素资源的跨区域流通及思维观念、生活方式的传播。这种要素市场结构的调整为本地产业转型升级创造了初始条件和机遇。对企业而言,由于高铁建设带来社会成本的降低,使得

企业进行异地投资或跨地建厂成为可能,并提高地区资本结构合理配置和资本投资效率而形成产业集聚效应。就全社会资源配置而言,高铁建设强化了地区间的联动性及时空收敛效应,成为要素自由流动和交易成本下降的重要推动力(邓涛涛、王丹丹,2018),最终实现要素资源向配置效率更高的地区转移。另外,高铁建设可能带来经济溢出效应,对要素资源的跨地区流通产生乘数效应。一方面,高铁开通后中心地区经济辐射范围扩大可以获得更大市场和经济腹地,随之加速边缘地区要素资源向中心区集聚;另一方面,高铁建设加强边缘城市与核心城市的经济互动和要素往来,加速中心城市新技术、先进管理经验和经营模式等向边缘城市扩散。故本研究提出:

假说1:高铁开通能够促进地区产业结构由低级向高级的动态转变。

(二)高铁对产业结构生态化的影响分析

高铁对产业结构生态化的影响具有不确定性。产业高质量发展不仅关注高度化和合理化,也要注重节能减排,追求生态化发展。一方面,高铁对产业结构生态化具有"助力"作用。从直接效应来看,高铁作为可持续发展的"绿色动力"系统,其本身具有较强的节能降耗能力,其电力牵引的使用推动了"以电代油"工程发展,减少了燃油燃煤等对非再生资源的消耗,优化了铁路能耗结构。从间接效应来分析,高铁能有效加强城市间联系的紧密性和便捷度,通过推动旅游业、服务业等高生态绩效产业的发展间接促进产业结构生态化。此外,高铁开通能够加强各地区面对面知识技术交流,推动清洁技术的创新与发展,有效降低能耗、促进区域内污染减排(杨丽君和邵军,2018),从而对产业结构生态化发展产生影响。

然而,高铁的开通对产业结构的生态化发展也有着不利影响。由于交通基础设施"向心力"和"离心力"的存在,高铁开通会打破原有区域产业结构的平衡状态,导致部分地区的第三产业更容易被发达地区吸走,而高耗能、高污染的落后传统产业继续留在本地,不利于产业结构生态化发展。

结合上述分析,我们提出:

假说2:高铁对产业结构生态化的影响存在不确定性,若高铁开通的"助力"大于"阻力",则能促进产业结构生态化,否则将不利于产业生态化发展。

(三)高铁建设对产业结构升级影响的区域异质性

由于各个地区市场化程度和资源禀赋存在差异,高铁开通后对各地产业结构升级的影响必然不同。由于东部地区高速铁路网密度和总里程均远高于中西部地区,高铁开通大大增强东部地区经济辐射范围,加速中西部地区人才、资源等流入东部地区,东部地区则凭借大量要素流入加速现代产业和服务业发展,推进产业结构高度化进程。中部地区高铁建设日益完善且与东部发达地区接壤,更易获取东部地区新技术、先进管理技术等的溢出效应,同时中部地区有着更大经济发展潜力,得以承接更多的东部产业转移和技术转移,甚至吸纳东部地区资本、人才回流。更为关键的是,中部地区可以凭借自身优势条件消化吸收高铁开通后带来的各种利好,培育自身现代化产业和淘汰落后产业,实现产业升级换代以加速区域内一体化发展。而西部地区高铁开通前的初始条件及吸收能力远不如中部地区,并且区域内资本、劳动力资源相对匮乏,高铁开通后反而会加速劳动力、资本外流,产业结构升级受限,甚至催生区域内经济不平衡发展。基于上述分析提出:

假说3:高铁建设对产业结构升级的影响力度存在区域异质性,东、中部地区城市的净效应要高于西部地区城市。

二、高铁建设对产业结构升级影响的作用机制

(一)高铁建设的要素资源再配置效应

高铁开通主要通过降低综合成本来整合区域内资源及提升资源利用率,进而加速本地要素资源集聚及由低级向高级的动态转换,最终实现地区产业结构的高度化进程。由厂商理论可知,企业的基本生产要素为资本和劳动力,这两类要素的跨地区流动对加速产业结构优化调整发挥着

重要作用。对于资本而言,资本按照市场化原则流动,资金通常由资本回报率低的区域向回报率及生产效率更高的中心区集聚,资本的空间溢出效应也使经济发展潜力较高的中心区和次中心区加速向非中心区的资本溢出,提升这些区域内的资本配置效率和对产业结构调整的贡献度。劳动力要素方面,高铁开通降低出行成本,增加了人员跨地区流动的频率。从理论上讲,一方面,高铁开通能够促进劳动力要素流动,高铁带来的区域市场潜力提高也促进了区域内物流、旅游、高科技行业等高端服务业的发展(Pol,2003;邓涛涛等,2017),劳动者可以在更广阔空间范围内高效寻找与自身职业技能匹配的工作机会,降低摩擦失业;另一方面,高铁开通缩短了区域时间距离,促进地区间生产要素快速流动和集聚,显著提升沿线地区人才的吸引力和就业水平(董艳梅、朱英明,2016),推动了与信息流、技术流、商业流、人才流等有关的第二、三产业的发展(武佳琪等,2019),市场自由化流通使不同地区层面的劳动力得以与地区产业结构更加匹配。因此,高铁开通后对区域内的资本、劳动力等资源进行有效再配置,促进整个区域合理高效利用要素资源,从而实现产业结构由低级向高级转变。

高铁带来的经济溢出效应、虹吸效应及同城效应共同促进了要素资源再配置。首先,依赖于城市之间交通可达性的提升,高铁中小城市对沿线其他城市形成经济溢出效应,相关要素资源伴随这种经济溢出效应进行跨区域流动。其次,高铁沿线中心城市凭借其经济发展水平、技术、管理经验、经营模式等优势,吸引优势要素资源向中心城市集聚,对非中心城市产生"虹吸效应"。最后,四通八达的高铁网络把各区域连接形成了一个一体化大市场,区域内要素资源实现了高效流动和对接,城市被高铁串联,整个统一大市场区域内城市实现了抱团发展现象,形成了"同城效应",实现要素资源高效配置。因此,本研究提出:

假说4:高铁建设通过要素资源再配置效应促进产业结构由低级向高级转变。

（二）高铁的技术创新效应

高铁开通便利了劳动力和研发人员流动,促进了产业技术创新。具体而言,高铁开通后,劳动力和研发人员面对面交流机会增加,劳动力和研发人员流动对产业技术创新表现为显著积极作用。与普通劳动力流动相比,研发人员流动对产业技术创新的作用更显著。一方面,高铁开通增加了城市间的可达性,增加了劳动力流动到收益更高地区或获益更高产业的便利度,减少了要素错配,并提升了要素配置效率,在要素流入地形成规模经济效应,并经过循环累积,通过要素集聚促进产业技术创新。另一方面,高铁开通通过增加城市间劳动力与研发人员正式或非正式的交流,促进关联产业集聚区内信息共享、知识学习、技术模仿,形成知识溢出和技术扩散效应,进而增强产业技术创新程度。

高铁在促进技术溢出的同时也促进了技术密集型经济发展。一方面,高铁缩短了知识传播的空间和时间距离,加速了行业间知识溢出,促进了技术创新。技术密集型产业发展带动了第三产业的快速增长,促进了产业结构转型升级(Glaeser,1999;Greunzl,2004;焦勇,2015;Holl,2016;宣烨等,2019)。另一方面,从产业要素密集度转移方面来看,高速铁路作为新兴技术集成的代表产业,其本身就是一条庞大的产业链条,高铁建设不仅推动了电力控制设备、牵引系统、制动装置等轨道交通装备产业的发展,也推进了通信设备、计算机设备、感应设备等轨道交通信息化领域的技术创新与变革,推动了我国产业结构不断向技术(知识)密集型和高加工度化的转换。

假说5:高铁建设通过技术创新效应促进产业结构由低级向高级转变。

（三）高铁建设的规模经济效应

高铁建设通过规模经济效应促进产业结构优化升级。一方面,伴随高铁开通,依据要素流动的趋利特性,要素会从回报率低的地区向回报率高的地区流动,高铁中心城市往往是经济发展程度较高的城市或行政中心城市,这些城市凭借自身优越的交通枢纽位置,吸引了要素资源集聚,促进本地相关产业集聚,在本地区形成规模经济效应。另一方面,高铁网络的不断完善,城市之间的时间距离进一步缩短,形成了更大区域范围内的区域大市场,提高了区域大市场的市场规模和市场潜力。综合表明,产业集聚、市场规模扩大、市场潜力增加都有利于产业结构实现优化升级,由此提出假设:

假说6:高铁建设通过规模经济效应促进产业结构由低级向高级转变。

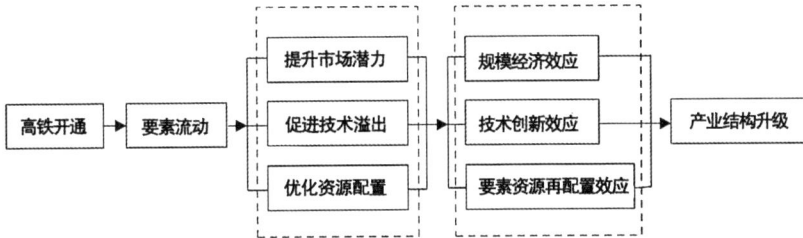

图1.1　高铁影响产业结构升级的作用机制

第二章 中国高速铁路、劳动力流动及产业结构发展情况

2021 年底,我国高铁总里程突破 4 万公里,通达 93% 的 50 万人口以上城市,占世界高铁总里程的比重超 2/3。我国城市分布密集、地理特征各异,因此我国也成为世界上高铁运输密度最高、运营场景最复杂的国家。本章首先从高铁技术、资本投入、产业发展及城市布局四个方面介绍数字交通背景下我国高铁的发展情况,接下来分析高铁带来的高技能劳动力流动和农民工流动情况,最后从产值结构、产业结构对经济增长的影响、三次产业就业结构变化、产业结构的国际比较四个方面分析我国产业结构发展情况。

第一节 中国高速铁路网络数字化发展情况

一、中国高铁技术发展情况

（一）中国高铁技术的发展阶段

中国高铁经历从无到有、从制造到创造的发展历程,在高铁工程建设、装备制造、运营管理三大领域形成了具有自主知识产权的世界先进高铁技术体系。中国高铁的技术发展经历了下列 4 个阶段。

第一阶段(1990—2003 年):研究决策阶段

1990 年至 2003 年是中国高铁技术的思想启蒙和发展阶段。虽然在 20 世纪 90 年代初中国已提出高速铁路兴建计划,但高铁的修建方法经历了长达十多年的争议和论证。中国高铁技术的争论分为"磁浮派"和"轮轨派"。磁浮派认为磁悬浮列车是高铁未来技术发展趋势,而轮轨派认为无论从技术和工程造价角度考虑,还是从中国国情出发,修建轮轨高铁才是最优选择。这场争论是中国高速铁路的思想启蒙。这一阶段围绕如何建设高铁、以什么标准建设高铁等问题进行反复研讨与摸索,奠定了高铁技术理论的扎实基础。最终,考虑到现有轮轨技术兼容和造价问题,中国高铁选择了轮轨技术。这一阶段的高铁技术发展主要历程如表 2.1 所示。

表 2.1 1990—2003 年我国高铁技术发展主要历程

年份	高铁技术主要历程
1990	高铁技术攻关计划开展,成立了高速总体组,率先开展了动车组整车及相关技术研究
1991	《中长期科学技术发展纲要》发布,明确提出 2020 年高铁修建计划,并设立国家科技攻关项目近 300 个,一些关键技术开始能够做到自主研发,并开始研究制定高铁技术标准
1994	广深准高速铁路建成,运行时速仅为 160 公里
1997	主要铁路干线实施了第一次提速,启动了铁路提速常态化
1998	第二次提速达到 160 公里/小时,并在郑州武汉段开展综合试验,最高时速达到 240 公里,形成了既有线提速标准
1999	秦沈客运专线开始按照时速 250 公里的设计进行施工建设;"中华之星"和"先锋号"高速动车组启动自主研发计划
2002	"中华之星"和"先锋号"高速动车组研制成功,时速高达 321.5 公里,成为当时我国最高纪录,国内独立研制,标志着我国在高铁领域已经形成了自主创新的技术体系
2003	秦沈客运专线建成并运行

第二阶段(2004—2008 年):技术引进期

这一阶段是中国高铁技术的引进学习期。由于中国无法自己设计和制造高铁,因此引进国外技术进行中国高铁的设计和建设成为必然选择。2004 年初中国铁道部门举行了国际竞标,其中竞标者包括日本川崎、德国西门子、加拿大庞巴迪、法国阿尔斯通等国际轨迹技术企业。中国铁路部门要求每个企业设计和生产适用中国信号标准的高铁列车。因此,这一时期中国高铁建设历程中存在不同国家品牌企业的各种列车。

中国通过引进消化吸收,基本掌握了时速 200—250 公里的高速列车制造技术。铁道部自 2004 年初启动中国高铁动车组的引进、消化吸收与再创新工作时,便明确中国高铁产业的发展战略方针为"引进先进技术,联合设计生产,打造自主品牌"。在铁道部大力协调下,中国南车与中国北车作为两家主导高速动车组开发的创新主体,与四家国际高速动车制造企业开展了联合创新。在该过程中与国外发达技术进行协同创新取得了显著成效。经过两轮全球高速列车的引进创新,铁道部开始推进高速动车组的自主创新计划。围绕 CRH380 型动车组自主创新的目标,中央政府发布一系列的科技研究项目,其涵盖了国内高铁产业的主要参与者。这一阶段的高铁技术发展主要历程如表 2.2 所示。

表 2.2　2004—2008 年我国高铁技术发展主要历程

年份	高铁技术主要历程
2004	制定《中长期铁路网规划》,提出"四纵四横"高铁建设规划,正式开启高铁建设更广泛的吸收再创新之路,相继生产出包括 CRH380 在内的"和谐号"系列高速动车组
2008	京沪高铁开始施工建设,京津城际铁路开通运营

第三阶段(2009—2015 年):自主制造与创新阶段

自 2009 年起,中国高铁进入自主制造和创新阶段。为解决高铁关键技术问题,中国成立了"226 计划"团队。这个团队包括青岛四方、中国中车、中车唐山公司以及中国的 25 所大学、56 个关键实验室、500 家原始设备制造商,约 500 多名研究员和约 10000 名工程师参与其中。2010 年,中国在空气动力学、拓扑学、承重体系、动态传输、刹车系统、列车控制操作系统、牵引动力供应以及关键材料部件等方面均实现了自主设计,并推出首个自主设计的高铁列车 380A。接下来的几年间,中国又推出了第二代、第三代自主设计的高铁列车。

中国高铁技术实现了"引进技术—中国制造—中国创造"的三阶段跨越式发展。中国已经掌握了设计、制造适应各种运行需求的不同速度等级的高速动车组列车成套技术,具备极强的系统集成、适应修改、综合解决并完成本土化的自主创新能力,最终形成自主技术标准与设计,完成从"中国制造"向"中国创造"的华丽转身。蕴含更多自主创新技术的中国高铁,已成为中国装备制造业最具全球影响力的代表符号之一,同时也是"中国智造"和"中国创造"的最佳诠释。尤其是,高铁的核心部件——牵引电传动系统和网络控制系统,已成功实现百分之百的"中国创造"。牵引电传动系统被称作"高铁之心",是列车的动力之源,决定了高铁列车的性能水平和舒适度。网络控制系统则被称作"高铁之脑",决定和指挥着列车的一举一动。因此,牵引电传动系统和网络控制系统两大核心技术能否实现自主研发,是衡量高铁列车制造企业是否具备核心创造能力的根本性指标。这一阶段的高铁技术发展主要历程如表 2.3 所示。

表 2.3 2010—2015 年我国高铁技术发展主要历程

年份	高铁技术主要历程
2010	CRH380 型高铁在京沪高铁沿线上实现了时速达到 486 公里的最高运行试验速度
2011	京沪高铁专线建成并启动运行
2012	中铁总公司(原铁道部)主导研制时速 350 公里的动车组
2015	时速 350 公里中国标准动车组在中国铁道科学研究院环形试验基地正式开展试验

第四阶段(2016 年至今):走出国门

中国高铁外交已经遍布亚、欧、非、南美、北美、大洋洲等地的数十个国家。2016 年被喻为中国高铁的爆发元年,2016 年 4 月 21 日,中国高铁三大"走出去"项目落户广东自由贸易试验区广州南沙片区,分别是中国中铁"走出去"综合平台项目、中国铁建"走出去"综合平台项目和中国通号轨道交通"走出去"综合平台项目。

中国高铁技术已经处于世界先进行列,中国高铁正在大步走向世界,在全球高铁市场承建了世界高铁网络中的 60%,主要涉及印度尼西亚、巴基斯坦、老挝、泰国、俄罗斯、匈牙利、塞尔维亚、埃塞俄比亚等国家。这一阶段的高铁技术发展主要历程如表 2.4 所示。

表 2.4　2016—2021 年我国高铁技术发展主要历程

年份	高铁技术主要历程
2016	"复兴号"动车组交会试验达到了世界最高速度水平,高速动车组的关键技术实现了全面自主研制
2017	成功研制拥有自主知识产权、达到世界先进水平的中国标准动车组"复兴号"
2018	16 辆长编组"复兴号"正式在京沪高铁上线
2019	中国铁路装备动车组 3736 标准组,其中"复兴号"动车组 773 组,居世界首位
2020	我国自主设计建造、世界上首座跨度超千米的公铁两用斜拉桥建成,实现了五个"世界首创" 我国智能高铁新标杆——京雄城际铁路全线轨道贯通,标志着我国高速铁路达到新的水平,展示世界最先进技术
2021	"CR450 科技创新工程"相对交会时速 870 公里试验验证,创造了高铁动车组列车明线交会速度世界纪录

(二)高铁自主创新驱动相关产业加快技术创新

自主创新是中国高铁快速发展的必由之路。中国高铁在引进、消化、吸收国外先进技术的基础上再创新,掌握了集设计、线路施工、车辆装备、列车控制、运营管理等一整套高铁技术,已经拥有完全自主知识产权,形成了比较完备的高铁技术标准。这种强大的系统集成能力,使中国具备为国际市场提供"一揽子"解决方案的能力。

　　需求驱动型自主创新和供给驱动型自主创新,共同构筑了中国高铁发展的坚实基础。在中国,铁路承担80%的中长距离城市的客流量。随着城镇化水平提高以及城市群发展,人口和产业集聚的中心城市之间、城市群内部的客运需求强劲,对交通基础设施承载能力提出更高要求,但是已有的运输能力并不能满足国民经济发展要求,特别在春运、暑运、"十一"等客流集中的特殊时期,更是大规模地出现"一票难求"现象。为了解决这一难题,国务院在2004年1月审议通过了《中长期铁路网规划》,"十一五"规划纲要也强调,"加快发展铁路运输,重点建设客运专线、城际轨道交通、煤运通道,初步形成快速客运和煤炭运输网络"。在诸多需求的驱动下,中国从密集的、复杂的城市格局出发,自主研发了网络控制系统,在牵引电传动系统等方面也不断实现自主创新,从而显著提升了中国高铁的核心创造能力,促使中国高铁在国际竞争中占据有利地位。

　　自主创新带动高铁发展,高铁也反过来驱动科技自主创新。科技创新的路径主要有两种方式:自下而上和自上而下。自下而上的路径是指在原有技术创新积累的基础上逐步向上突破;自上而下的路径是指依托战略性科技制高点,实现科技创新不断向下扩散。中国作为技术创新领域的后发国家,自上而下的路径显然是有效的。高铁是一个集高、精、尖三位一体的战略性产业,高铁领域的技术进步会进一步带动其他产业科技创新的快速发展。

　　第一,高铁研发提升了关联产业层次,加速了全社会物流效率,促进了产业转型升级。高铁装备的高标准,对提升传统工业基础工艺、基础材料研发、系统集成能力及制造水平都提出了新标准和新要求,对促进传统技术升级发挥积极作用。高铁拥有勘察设计、工程施工、装备制造、运营管理等成体系的先进技术和建造管理能力,通过高标准的技术体系和运营管理体系,形成自主创新平台,极大地促进了国家在新材料、新技术、新工艺方面的发展。高铁自主创新带动了相关产业的转型升级,加快了新兴科技和新兴产业在交通运输领域的深度融合。例如,利用高铁发展契机,中国农业技术设备的自主创新模式得到拓展,农业企业原始创新能力得到提升。

第二,高铁建设有助于提高原始创新能力。中国高速铁路技术不断提升,中国高铁技术已具备了参与海外高铁建设项目的竞争优势,高铁技术国际输出的中国步伐正在加速。中国铁路设备企业的海外市场不断扩大,整车和零配件产品已遍布北美洲、南美洲、大洋洲、亚洲及非洲的多个国家。随着"向西开放"的逐步落实、云南"八入滇、四出境"的铁路网建设,将为高铁通往东南亚、南亚打开国际大通道,与八国接壤的新疆也成为中国铁路"走出去"的重要通道。

第三,高铁提高集成创新能力。机车车辆作为铁路核心产品,不仅直接推动铁路运输业的发展,还带动了通信信号、铁路施工等一系列企业的发展。我国高速铁路建设的集成创新实践,既牢牢抓住了技术创新系统化这一核心,又实现了各类行业资源配置的有效整合和优化。如机车及配套零部件生产厂商资源、全国铁路市场资源、全行业科技创新资源等可以调动的资源,形成了强大的对外谈判能力和行业综合创新能力,有效推动了整个铁路行业的技术进步。

正是得益于党中央、国务院一贯对科技创新的重视,中国高铁在相对较短的时间内迅速发展起来,并逐步在全球打造出"中国创造"的崭新名片。当前,中国高铁又迎来了一个快速发展的新时代,高铁产业链也将对中国经济的增长起到巨大的拉动作用。

二、高铁的资本投入

高速铁路的研发制造需要巨额资本投入。与发达国家相比,中国高铁研究起步较晚。早在1960年日本便开始了高铁研发,研发初期投入了高达8000万美元贷款。美国也在1965年开始推动高铁技术研发,初期投资9000万美元。而我国1965年GDP仅为704亿美元,既不具备发展投资巨大高铁项目的条件,也不具备发展高铁技术能力的基础。随着改革开放和加入 WTO,中国经济实现了高速发展,中国具备了发展高铁技术的资本积累。到 2004 年,我国 GDP 增长至 1.96 万亿美元,外汇储备达到 6099 亿美元,与 40 多年前相比发生了巨大的变化,雄厚的资本积累为我国高铁进入技术引进阶段奠定了基础。

中国高铁的发展道路需要国家巨大的资本投入。中国高铁走的是以市场换技术、资本买技术、再自主创新的发展道路。因此,中国高铁快速发展离不开资本投入的推动,国家的财政支持是关键基础条件。我国的财政支出中铁路专用资金投入力度非常大,如 2010 年为 403.96 亿元,2012 年则达到 883.12 亿元,在两年内就翻了一番,远远高于同期全国公共财政总支出 40% 的增长速度。因此国家财政支持在高铁发展中发挥重要作用。

全国铁路固定资产投资完成额和增速可以很好反映高铁的投资力度。2016 年投资额为 8015 亿元,2018 年,全国铁路固定资产投资实现 8028 亿元,当年的计划投资额为 7320 亿元,超额完成投资计划数额达 708 亿元,超额完成比率 9.67%。2019 年铁路投资 8029 亿元,高铁突破 3.5 万公里,是全国铁路完成固定资产投资最高的一年。2020 年中国铁路固定资产投资额为 7819 亿元,2021 年下降为 7489 亿元,自 2020 年起铁路固定投资进入负增长。图 2.1 显示了 2016—2021 年全国铁路固定资产投资完成额及增速。

三、高铁产业发展情况

高铁产业的拉动作用主要体现在数量、质量及区域范围三方面。

第一,在数量方面,高铁产业链长,高铁建设的巨大投资对钢材、水泥等上游产品产生大量需求。薛安伟(2016)通过对高铁产生的引致投资进行分析,得出每进行 1 亿元的高铁投资将平均消耗约 0.3 万吨的钢材、2 万吨的水泥、3.1 万吨的沙土、5.2 万立方米的石头及 0.09 亿元的设备投资及 23 万耗费工时。拉动相关产业的最终收益估计超过 10 亿元。具

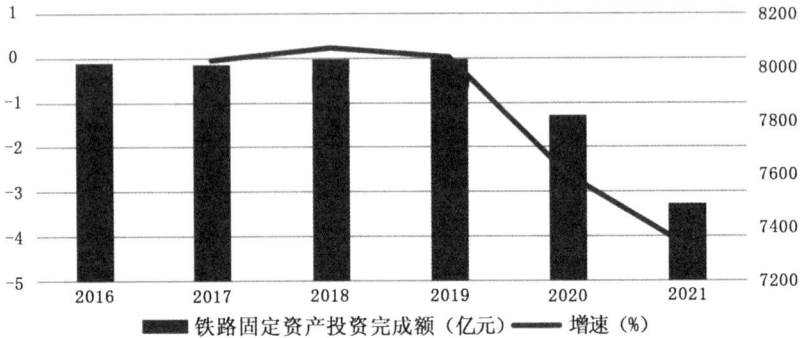

图 2.1　2016—2021 全国铁路固定资产投资完成额及增速

资料来源:中华人民共和国交通运输部。

体如表2.5 所示。

表 2.5　高铁每亿元投资引致的投入量

材料类型	钢材	水泥	沙土	石头	设备	工时	效益拉动
材料数量	0.333 万吨	2 万吨	3.11 万吨	5.16 万立方米	0.085 亿元	22.86 万	10 亿元以上

　　第二,在质量方面,高铁的质量、安全及成本控制均按照国际先进水平进行,因而对下游供应商产品的质量要求相应提高,倒逼下游企业提高生产技术。高铁的高技术要求需要电子信息、机械冶金、精密仪器等高科技行业共同提高技术标准。据统计,为了研发新一代高速动车组,在所有零部件生产设计体系中,核心层企业达到 100 家左右,紧密关联企业约500 家,空间范围内覆盖了全国 20 多个省市,围绕高铁建设形成了巨大的高新技术研发制造产业网络。关键设备制造企业也伴随高铁项目实现了快速成长,中国高科技产业达到世界领先水平。此外,传统工业的基础工艺水平、基础材料研发能力、系统集成能力在高铁高标准技术要求下也实现了全面改革和提升,高铁推动了相关产业优化升级。

　　第三,在区域范围方面,我国高铁实现"走出去"战略,有力地配合了"一带一路"倡议的开展。在亚洲周边地区,亚洲大陆国家很多城市加入了"一日高铁经济圈"。相比于航空运输,高铁还具备低成本、高安全、运营大批量货物的传统优势,而且高铁对沿途城市的经济带动能力更强,中国高铁也促进了中国优势产能"走出去",为许多国家地区产业带来发展机遇。

四、高铁的区域分布

截至 2021 年 12 月底全国高铁总里程数约 4.1 万公里,全国各省区市高铁里程排行榜如表 2.6 所示。2021 年进入高铁里程前十位的省份和 2020 年基本一致,高铁里程也相差不大,平均里程在 2100 公里左右。其中广东、安徽、江苏居前三,前十的其他省份分别是:山东、辽宁、湖南、江西、福建、河南、广西。广东省、安徽省由于京港高铁赣深、安九段开通,且在建项目众多,预计在最近几年内仍将稳居前两位。目前已有 7 个省份高铁里程突破 2000 公里。2022 年随着郑万高铁全线贯通和黄黄高铁、郑济高铁郑濮段开通,湖北省和河南省的高铁里程也将突破 2000 公里。广东省也是 10 年来再次开通时速 350 公里的高铁。值得引起注意的是广西壮族自治区,拥有多条主干线路,开通的高铁里程为 1751 公里,位居全国各省区市第 10 位。然而,目前广西还没有超过 300 公里时速的高铁线路,而均是在时速 200—250 公里的动车组区间,等级不高。此外,铁路总里程排行前 10 的省市几乎都在东部地区。

表 2.6　截至 2021 年 12 月底全国各省区市高铁里程排行榜

序号	省份	高铁(设计时速 200 公里以上、城际铁路通车里程)(公里)
1	广东省	2458
2	安徽省	2399
3	江苏省	2216
4	山东省	2203
5	辽宁省	2195
6	湖南省	2137

续表

序号	省份	高铁（设计时速 200 公里以上、城际铁路通车里程）（公里）
7	江西省	2094
8	福建省	1904
9	河南省	1886
10	广西壮族自治区	1769
11	浙江省	1742
12	四川省	1705
13	湖北省	1679
14	河北省	1675
15	贵州省	1586
16	黑龙江省	1501
17	甘肃省	1488
18	山西省	1121
19	云南省	1074
20	陕西省	1019
21	重庆市	896
22	吉林省	855
23	新疆维吾尔自治区	719
24	海南省	653
25	内蒙古自治区	577
26	北京市	359
27	台湾省	332
28	天津市	317
29	宁夏回族自治区	315
30	青海省	268
31	上海市	131
32	香港特别行政区	26
33	西藏自治区	0
34	澳门特别行政区	0
合计		41299

鉴于我国东西部的地区差异,西部地区主要建设时速 200 公里及以下客货共线铁路,高铁比例很小,主要以开行既有线动车(动集)为主,且各省区市的面积相差较大,里程排名与中东部及沿海省份不具有可比性。

中国高铁区域分布基本与经济发展情况一致。从表 2.6 可以看出,各省之间,高铁的通车里程差距较大。除了通车里程之外,通行密度则更能够衡量一个地方的高铁水平。中国高铁密度最高的区域为北京、上海、天津,西部各省区市则相对落后。与总里程相比较,通行密度与地方经济发展水平呈现出更紧密的对应关系。

第二节　数字高铁网络背景下劳动力流动情况

一、高铁驱动劳动力流动

中国高铁的数字化、智能化、智慧化、绿色化发展也为中国旅客运输发挥越来越重要的作用。高速铁路的开通提高了城市的可达性水平,产生了"时空收敛"效应,对城市或区域间劳动力的流动和分布具有重要意义。高铁通过"时空压缩"效应改变了城市及区域间资源的流动频率和方向,由于高铁以客运为主,高铁开通加速了沿线城市劳动力资源的流动与聚集。由于不同城市以及不同产业劳动力吸纳能力不同,流动规模及方向对劳动力在城市及产业间的均衡配置有直接作用。

第一,高铁开通促使劳动力由无高铁城市向有高铁城市流动,加剧了大城市对中小城市的劳动力虹吸效应。这种劳动力流动方式很大程度归因于高铁对城市便利性的提升。高铁开通增强了高铁设站城市对劳动力的吸引力,由于大城市在交通位置和经济发展水平上处于优势地位,高铁开通后显著促进了大城市对劳动力的吸引力,中小城市在获得高铁带来的交通提升的同时,也面临大城市对其劳动力的虹吸,无高铁城市更是面临严峻的劳动力流失现象。

第二,从不同类型劳动力流动来看,高铁显著促进了高技能劳动力流动。这类人群属于高级人力资本,高铁网络扩大了其就业空间范围,其人力资本被充分激发,为获取更高报酬,他们会沿高铁线向更大市场流动。

第三,城市中心离高铁站的距离影响劳动力的流动数量,二者呈现出反比关系。直辖市、省会城市及副省级中心城市往往是高铁建设的主要节点城市,考察这类城市高铁建设与劳动力流入的情况,发现城市政府至高铁站距离越远的城市,其劳动力流入的数量越少。考察中小城市市中心至高铁站的距离与劳动力流动情况也同样发现了这一现象。

二、高铁驱动劳动力流动的异质性

高铁驱动劳动力流动的异质性与区域、城市规模、劳动力个体特征等密切相关,表现出不同类型的差异性。

(一)高铁驱动劳动力流动的个体特征异质性

高铁对女性劳动力流动的促进作用显著大于男性劳动力。从性别角度出发,分析高铁对劳动力流动的影响,发现高铁开通后女性劳动力的流动显著增强,增加的幅度大于男性。这可能由于,男性作为家庭经济的主要承担者,高铁开通前已经在城市间流动,高铁开通后驱动的男性劳动力流动数量小于女性。从婚姻状况角度来看,高铁对未婚劳动力的流动促进作用更显著。这可能由于未婚劳动力没有家庭的牵绊,相对于已婚劳动力其流动欲望更加强烈。

从年龄角度来看,高铁对 36 岁以下劳动力流动的促进作用最显著,这类年龄特征的群体,在体力和脑力上都能在更广阔的市场获取更高收益,流动能力较强。

(二)高铁驱动劳动力流动的三大区域异质性

高铁的劳动力流动效应与高铁网络完善程度密切相关。东部地区经济发展基础好,也是较早开通高铁的地区,高铁网络完善程度最高,东部地区吸引了中西部地区劳动力流入。中西部地区由于高铁建设较晚,高铁密度也较东部地区低,尤其是西部地区,高铁反而会更加便利了劳动力流出,加大了本地区招工难度。

第一,从区域外部迁向该区域的个体为样本进行分析发现,中西部地区劳动力向东部地区流动时,东部地区的高铁城市更具吸引力。这一现象在中部地区同样适用,当中部地区以外劳动力流入时,高铁城市也是最佳选择。然而,西部地区的高铁城市并没有表现出显著的劳动力吸引能力,这可能受西部地区经济发展水平和高铁建设程度的影响。

第二,从区域内部劳动力流动情况来看,依据人口迁移数据发现,东部地区高铁城市吸引东部其他城市劳动力流入,中部地区高铁中心城市对其他城市的劳动力具有明显吸引力,其他高铁城市并未出现这一现象,西部地区高铁城市并未能显著吸引本地区其他城市劳动力流动,西部高铁城市反而遭受了更多的劳动力流出。

综合来看,无论是对区域外还是区域内劳动力流动,东部凭借发达完善的高铁网络显著吸引劳动力流入;中部地区高铁促进城市吸引外部劳动力流入,但仅有少数高铁中心城市吸引本区域劳动力流入;值得引起注意的是,西部地区的高铁城市不仅无法吸引区域外劳动力流入,反而加剧了本地区劳动力流失。

(三)高铁驱动劳动力流动的城市等级异质性

高铁促进了劳动力在不同等级城市间流动,具体表现为高铁促进劳动力由低等级城市向高等级城市迁移。高铁提高了中心城市对外围城市的劳动力虹吸能力。高铁促使中心城市之间劳动力的流动更为频繁,主要体现在高铁的通勤功能方面,高铁促进了中心城市间员工的流动。

高铁对劳动力的吸引力主要表现为：中小城市的高铁吸引来的是更低等级城市的劳动力，但中心城市或大城市的高铁并没有增加这种吸引力。铁路提速有利于低行政级别城市，而不利于高行政级别和大规模城市。可能的解释是，行政级别高的城市就业机会更多，工资收入更高，社会福利好，高铁开通前已有大量劳动力流入。

高铁开通更有利于行政级别高的城市吸引劳动力流入。由于高铁建设并不是随机的，行政级别高的城市往往领先加入高铁城市，因此行政级别高的城市可更显著吸引行政级别低的城市劳动力流入。

(四)高铁驱动劳动力流动的产业间异质性

高铁通过提高城市可行性条件，促进劳动力向第二、三产业流动，进而促进产业结构发生变化。高铁驱动劳动力流动在不同产业间的差异性与所在城市规模密切相关。城市可达性提高，促使高铁沿线大城市第二产业的就业结构降低，第三产业的就业结构升高。中小城市高铁对第二产业就业统一表现出显著提升作用，但高铁对中等规模城市的第三产业却没有显著影响，仅降低了小城市第三产业就业规模。高铁驱动劳动力流动的产业差异性主要原因可能为：首先，在大城市中，一方面，由于劳动力、土地等生产要素成本较高，资源竞争日益加剧，高铁开通促使大城市的劳动密集型产业和资源密集型产业转移至中小城市；另一方面，大城市的第三产业仍可吸收更多劳动力来平衡就业结构，高铁开通增强了中心区域与边缘区域的联系，促进了劳动力向经济较为发达的大城市转移。从中小城市来看，一方面，高速铁路的时空压缩效应促进了沿线中小城市第三产业聚集度，中小城市尤其是小城市吸引的剩余劳动力被中等城市虹吸；另一方面，由于中小城市在土地、劳动力等生产要素价格方面比大城市具有优势，且空间竞争较小，高铁开通促进了中小城市承接由大城市转移的制造业等第二产业，进一步导致第二产业就业升高，从而加大了中小城市第二产业结构与就业结构的不协调。

（五）高铁驱动劳动力流动的人力资本异质性

1. 高铁对高技能劳动力流动的影响

高铁促进了高技能劳动力流动。高铁作为现代化重要交通基础设施，是促进劳动力流动的重要引擎。高铁对劳动力流动的驱动力与劳动力自身蕴含的人力资本水平密切相关。用劳动力受教育程度衡量人力资本，国际上通常按照受教育程度或者专业技能水平来划分高技能劳动力和低技能劳动力。受教育程度是中国劳动力就业的重要因素，因此首先将教育程度按照本科以下划分为低技能劳动力，本科及以上划分为高技能劳动力，发现高铁对高技能劳动力的流动效应更显著。中国鼓励职业教育，因此职业技能也是衡量人力资本水平的重要依据，将具有职业资格证书的劳动力划归为高技能劳动力，无职业资格证书的劳动力划归为低技能劳动力，发现高铁开通更有利于具有职业资格证书的劳动力获得更高收入工作岗位，对这类劳动力流动的促进作用更显著。总之，高铁显著促进了高技能劳动力的流动。

高铁开通后，我国高技能劳动力流动呈现出向发达城市集聚的态势。从区域分布来看，东部区域高铁城市吸引高技能劳动力集聚，而中部、西部、东北地区面临高技能劳动力的流失。从城市规模来看，大城市凭借经济优势，通常是最早开通高铁的城市，因此吸引了大量高技能人才集聚，而中小城市高技能人才流失加剧。

为直观反映高铁开通对城市高层次人才数量的影响，以城市企业拥有的博士人才数量代表高层次人才数量。图 2.2 显示了开通高铁与未开通高铁城市上市企业拥有的博士平均人才数量。2007 年 4 月 18 日，中国对铁路客运实施新一轮提速，并在提速干线开通动车，时速可达 250 公里。在 2007 年开通高铁之前，这两类城市上市公司所聘请的博士高级人才平均数虽然总量有差异，但是，基本保持相同的变化趋势，而在 2007 年以后，随着开通高铁城市数量逐年增加，这种相同变化趋势被打破，尤其在 2007 年和 2014 年可以看到两次明显的跳跃，并且二者的差距有进一

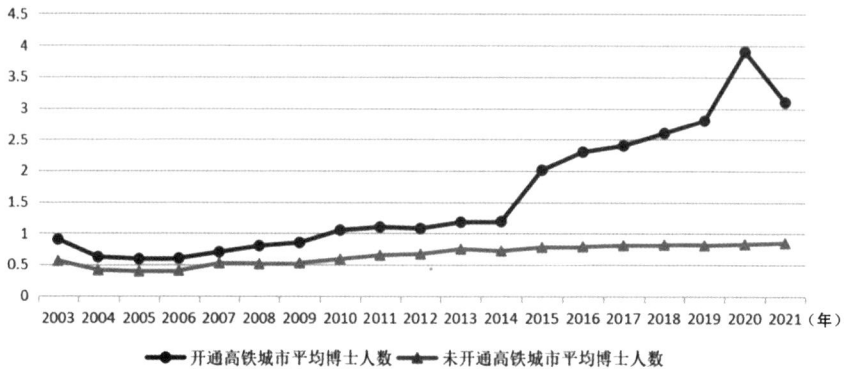

图 2.2 开通高铁城市和未开通高铁城市博士平均人才数量

步拉大的趋势,结果表明开通高铁城市拥有的高层次人才数量远高于未开通高铁城市,且差距逐年扩大。

2. 高铁对农村劳动力流动的影响

高铁开通引致农村劳动力流动,流动效应呈现出不同部门间、不同区域及不同个体特征之间的差异性。

第一,从流动的部门角度来看,高铁开通促进农村劳动力向边际报酬较高的城市部门进行非农部门转移。高铁开通对沿线城市产生产业带动作用,促进了第二产业和第三产业发展,提供了更多低技能就业岗位,吸引周边农村劳动力流动到高铁城市从事第二产业和第三产业,因此促进农村劳动力由第一产业向第二产业和第三产业的流动。

第二,从农村劳动力的流动空间角度,高铁促进农村劳动力跨区域流动。高铁开通的"时空压缩"功能增强了区域间的要素联系,驱动农村劳动力在更大区域范围内流动。高铁开通显著促进西部和中部地区的劳动力流出,中部地区成为农村劳动力流出最大的区域,而东部地区的农村劳动力的跨区域流出并不显著。国家统计局发布的《2021 年农民工监测调查报告》显示,在外出农民工中,跨省流动 7130 万人,比上年增加 78 万人,增长 1.1%;省内流动 10042 万人,比上年增加 135 万人,增长 1.4%。从输出地看,中部地区跨省流动农民工占外出农民工的 56.6%,西部地区占47.8%,东部和东北地区外出农民工以省内流动为主,跨省流动农民工占比分别为15.1%和28.9%。

表2.7 2021年外出农民工地区分布及构成

按输出地分	规模			构成		
	农民工外出(万人)	跨省流动(万人)	省内流动(万人)	农民工外出(%)	跨省流动(%)	省内流动(%)
合计	17172	7130	10042	100.0	41.5	58.5
东部地区	4636	700	3936	100.0	15.1	84.9
中部地区	6320	3578	2742	100.0	56.6	43.4
西部地区	5582	2669	2913	100.0	47.8	52.2
东北地区	634	183	451	100.0	28.9	71.1

表2.8 农民工地区分布

地区	2020年(万人)	2021年(万人)	增量(%)	增速(%)
按输出地分:				
东部地区	10124	10282	158	1.6
中部地区	9447	9726	279	3.0
西部地区	8034	8248	214	2.7
东北地区	955	995	40	4.2
按输入地分:				
东部地区	15132	15438	306	2.0
中部地区	6227	6571	344	5.5
西部地区	6279	6280	1	0.0
东北地区	853	894	41	4.8
其他地区	69	68	-1	-1.4

注:其他地区指中国港澳台地区及国外。

第三,从农村劳动力的个体特征来看,高铁驱动农村劳动力流动具有显著个体差异性。分析高铁对不同性别劳动力迁移选择的影响发现,与男性农村劳动力相比,高铁促进女性劳动力流动效果更显著,并促进了农村家庭整体流动。传统观念中,男性劳动力由于负担的经济责任较多,本应该在迁移决策中更为活跃,可能正是由于男性本身就具有较强迁移意愿,导致高铁对其迁移选择的影响不大。在婚姻状况的异质性分析中,高铁城市对未婚农村劳动力产生显著吸引力。关于年龄的异质性分析中,结果发现,高铁仅对 35 岁以下农村青年劳动力的迁移选择影响显著,伴随高铁开通,农村劳动力流动的年龄构成也发生了变化,国家统计局发布的《2021 年农民工监测调查报告》显示,2021 年中国外出农民工平均年龄为 36.8 岁,其中 40 岁及以下所占比重为 65.8%,50 岁以上所占比重为 15.2%。从受教育程度来看,高铁开通对大专及以上学历农民工流动的促进作用最强,这类农村劳动力掌握工作技能的能力较强,高铁便利了其流动到更高收入城市。

第三节　中国产业结构发展情况

一、产值结构变化

改革开放以来我国产业结构发展历程,先后经历了"二一三"型、"二三一"型、"三二一"型三个阶段。1978 年至 2021 年期间,中国产业结构产生了显著变化,突出表现为第三产业比重持续上升,第一产业比重逐步下降,产业结构不断优化。其中 1978—1984 年为产业结构"二一三"阶段,这一阶段为中国工业体系奠定了基础,伴随市场经济引入,中国产业结构产生较大变化,第二产业占比最高。1985—2011 年为"二三一"阶段,具体表现为 1985 年起第三产业占比高于第一产业,伴随改革开放不断深入,第一产业就业人员向第二和第三产业转移。2012 年至今为"三二一"阶段,具体为自 2012 年起第三产业占比超越第二产业,且第二和第三产业的占比差距逐渐扩大,2021 年第一、第二、第三产业占比分别为 7.3%、39.4%、53.3%,第三产业已成为国民经济的主导产业。2021年三次产业增加值中,第一产业增加值为 83086 亿元,比上年同期增长7.1%;第二产业增加值为 450904 亿元,比上年同期增长 8.2%;第三产业增加值为 609680 亿元,比上年同期增长 8.2%。结合统计图 2.3 可以得出,三次产业比重变化表现为第三产业逐年上升,第二产业比重较为平稳,第一产业占比呈逐年缩小趋势。

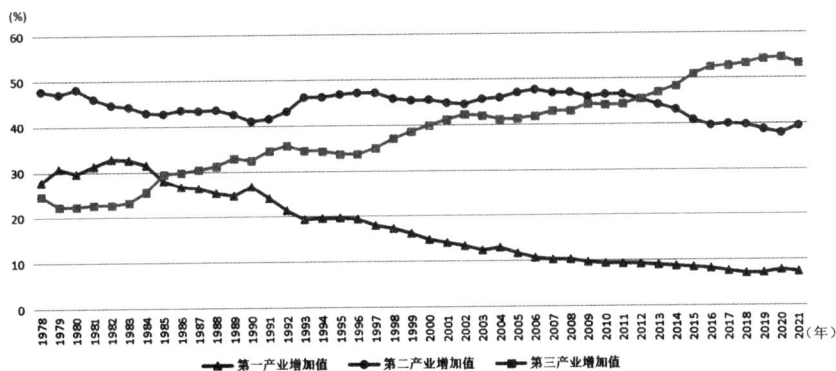

图 2.3　三次产业构成

二、产业结构对经济增长的影响

三次产业经济增长贡献率和拉动率的变化趋势与产业结构的变化趋势基本一致,只是波动幅度相对较大。图 2.4 的全国三次产业贡献率表明,1978—2014 年期间,除 1981 年和 1982 年外,其余年份第二产业对经济增长的贡献最大,其次是第三产业,第一产业对经济增长贡献最小。1981 年第一产业对经济增长的贡献率达到峰值 40.47%,以后逐年下降到不足 10%。而该阶段第二产业对经济增长的贡献率从 20% 逐步提升到 60%,以后各年第二产业的贡献率保持在 35% 左右。2014 年第三产业贡献率超越第二产业,成为对经济增长贡献最大的产业,第一产业的经济增长贡献率依然最低。

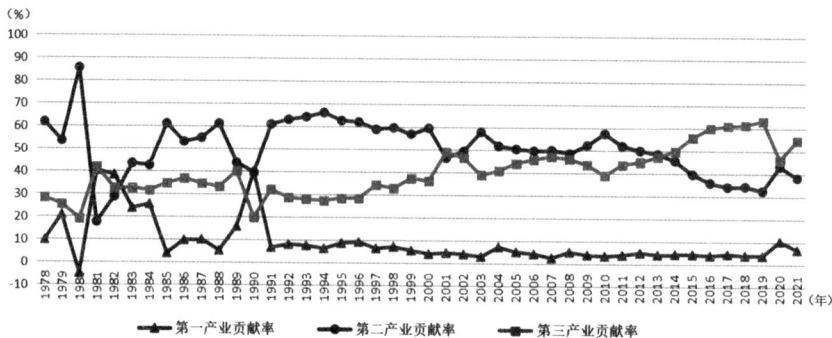

图 2.4 1978—2021 年全国三次产业贡献率变化

数据来源:中国统计局。

从三次产业的 **GDP** 增长拉动率看(见图 2.5),上世纪 80 年代初期和 90 年代初期,第一产业对 **GDP** 的拉动率与第二、三产业比较接近,在 80 年代初期甚至超过第二、三产业,这可能由于改革开放初期我国农村全面实行家庭联产承包责任制,提升了农民劳动的积极性,劳动创造的价值对经济增长拉动明显。1990 年之后,我国经济进行稳步调整,第二、三产业拉动率迅速提升,其中第二产业的提升速度远远高于第三产业。2014 年,第三产业的拉动率超越第二产业,标志着我国逐渐进入工业化后期。

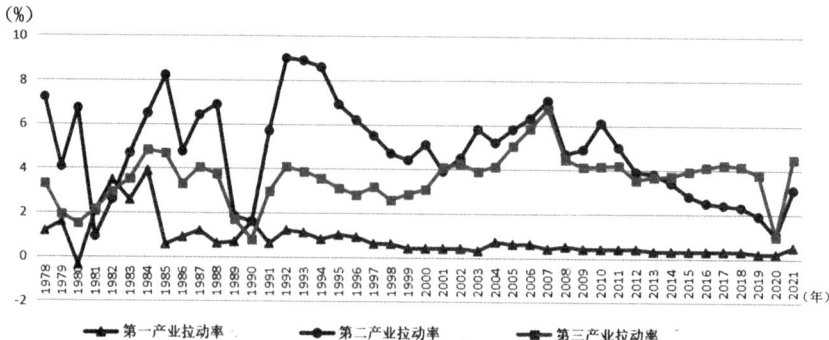

图 2.5 1978—2021 年全国三次产业拉动率变化

数据来源:中国统计局。

综合三次产业的经济增长贡献率和拉动率发现,经济发展由量升向质升转变,产业结构不断升级变迁。这可能基于以下两方面原因。一方面,由于技术进步、管理进步带来的产业转移和升级调整,高附加值产业链环节增加,落后产能不断出清;另一方面,由于收入增长、需求提升引起的产业比重优化,整个国民经济重心由第二产业转向第三产业。

三、三次产业就业结构变化

三次产业就业结构整体表现为第一产业就业结构持续下降,第三和第二产业就业结构持续上升。由图2.6得出,第一产业就业人口比例继续迅速下降,从1978年的79.5%下降到2021年的27.7%;第二产业就业人口比例略有上升,从1978年的17.3%上升至2021年的29.1%,于2014年超过第一产业就业人员占比。第三产业就业人口比例迅速增加,从1978年的12.2%增加到2021年的48%,并与2011年超越第一产业就业人员占比。由于第一产业的劳动生产率和相对国民收入下降,劳动力向第二、三产业转移,工业化后期的第二产业大多为资本和技术密集型产业,因此第三产业成为吸收就业的主要支柱产业。

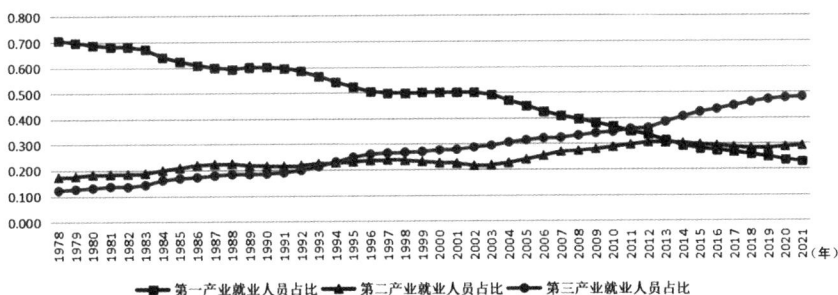

图2.6 1978—2021年全国三次产业就业人数比重

数据来源:中国统计局。

从三次产业就业人口总量来看,伴随农业劳动生产率下降,第一产业的相对国民收入越来越低于第二、三产业。根据克拉克产业转移规律,农村过剩劳动力开始不断向第二、三产业转移,大量农民工进入城市从事第二、三产业的低端岗位,导致就业人口比重向第二、三产业转移。从就业人口变动趋势来看,我国第三产业的就业人数在1996年开始超过第二产业,2011年超越第一产业,此时三类产业就业人数形成均衡态势。此后第一产业就业人数仍然下降,第二产业变化不大,而第三产业还在上升,表现出后工业化时代的特点。

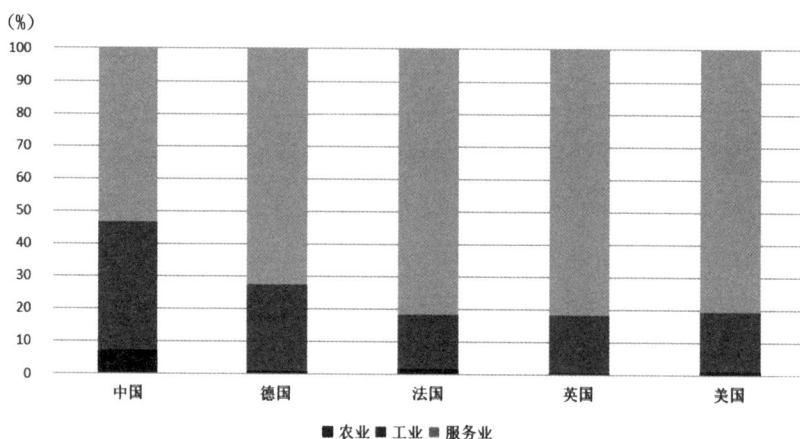

图 2.7　2021 年中国与发达国家三次产业占 GDP 比重

数据来源:世界银行。

四、产业结构的国别比较

图 2.7 表示了 2021 年中国与发达国家三次产业增加值占 GDP 的比重,中国第一产业、第二产业、第三产业的比重分别为 7.3%、39.4%、53.3%。与德国、法国、英国、美国的三次产业增加值占 GDP 的比重相比,中国第一产业增加值占 GDP 的比重为 7.3%,远大于发达国家的 1% 左右的占比水平,中国第二产业增加值占 GDP 的比重为 39.4%,而发达国家的占比为 20% 左右,中国第三产业增加值占 GDP 的比重为 53.3%,发达国家的占比为 80% 左右。总体表明,中国与发达国家相比,第

一产业和第二产业增加值占GDP的比重偏高,而第三产业增加值占比严重低于发达国家,中国产业结构优化升级存在较大发展空间。

第四节 数字高铁网络背景下的产业结构变化

产业结构升级可以通过产业结构高度化和产业结构合理化两个维度来展开分析,这两个指标的具体测量与内涵在后书部分描述。根据1998—2021年的各城市的经济数据测算作图得知(如图2.8所示),产业结构高度化指数呈整体上升趋势,表明我国产业结构演变符合克拉克定律,由第一产业向第二、第三产业发展。产业结构合理化指数则波动频繁,2010年指数开始明显增加,也就是产业合理化水平下降,产业结构协调度失衡,直到2012年又回归新均衡,这可能与国际金融危机后我国经济调整越来越重视创新驱动、技术引领战略密切相关。

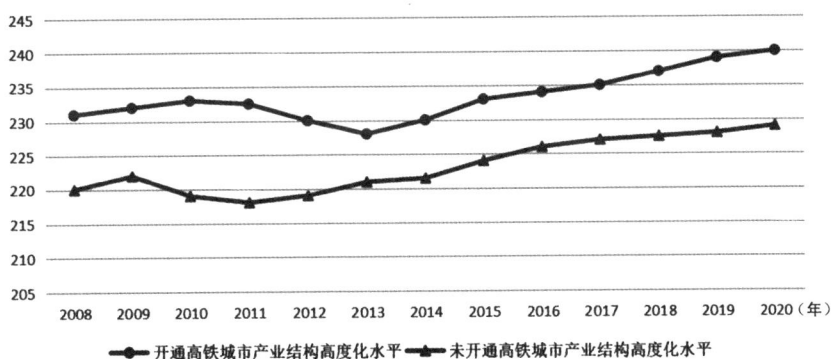

图2.8 开通高铁城市与未开通高铁城市产业结构高度化水平

从图2.8可知,自2008年起,开通高铁城市的产业结构高度化水平平均值都要高于未开通高铁城市的平均值。高铁开通后,在开始阶段产业结构高度化水平的差异逐渐加大,2011年起差异性开始缩小,2014年后差异程度保持稳定。由此可见,高铁开通会提升城市产业结构高度化水平,但到一定阶段这种提升能力又会减弱。

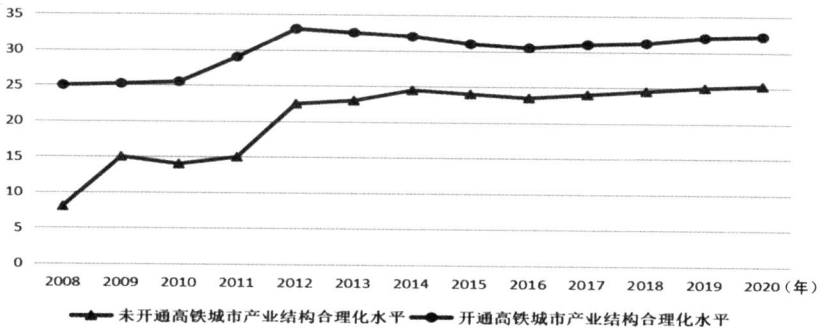

图 2.9 开通高铁城市与未开通高铁城市产业结构合理化水平

从图 2.9 可知,高铁开通城市的产业结构合理化指数均高于未开通高铁城市,这表明高铁开通提升了城市产业结构合理化程度,而从时间变化来看,从 2008 年起,不同类型城市间的产业结构合理化程度差异性逐渐减少,2010 年后两者之间的差异程度也保持了相对稳定。

值得注意的是,随着高铁技术逐步成熟,其对产业的波及范围越来越广,在对传统产业技术进行逐步替代乃至整体颠覆的影响下,产业发展进入到一个新阶段,因而整个产业结构协调和产业网络联结都发生了质的变化。这种变化最可能导致产业结构合理化程度的波动,也就是产业结构合理化水平的旧均衡被打破,进入新均衡。

第三章　高速铁路对劳动力流动的影响

高铁对不同人力资本类型劳动力的流动效应存在差异。本部分别从高铁对高技能劳动力和农民工劳动力流动的效果出发,实证检验高铁的劳动力流动效应。

第一节　高速铁路对高技能劳动力流动的影响

一、问题的提出

本部分研究高铁开通对高技能劳动力流动的影响及作用机制。高技能劳动力的配置对于一个国家和地区的经济增长至关重要(Murphy et al.,1991)。高技能劳动力的才能能否得以发挥以及最终可获得报酬的多寡,往往受制于地区市场规模与企业规模的大小。进一步,地区市场和企业规模又在很大程度上受到地理条件尤其是交通便利程度的制约。从历史上看,最早产生的大城市多处于地理位置优越且交通便利的沿海、沿江或沿大运河地区。在 19 世纪的西方工业化浪潮中,铁路的影响至关重要。Atack 等(2008)发现,美国铁路的修建对扩大整个美国市场规模产生了深远和重要的影响。具体到中国制度背景,Banerjee 等(2012)发现,中国改革开放后,公路和铁路交通网络临近地区的企业数量增多。相对于传统交通方式,高铁具有载客量高、耗时少、安全性好以及准点率高等优势,极大地优化了原有交通网络,缩小了城市之间的时间距离(Vickerman 和 Ulied,2006)。因此,高铁开通应有利于黏合区域经济、整合要素市场,并能够通过扩大市场规模和企业规模来促进高技能人才流动。

已有的关于交通基础设施的研究主要侧重于从有形要素流动、地区贸易等角度研究其对经济增长的影响(Baum-Snow et al.,2012;Banerjee et al.,2012;Faber,2014),鲜有学者关注到高铁开通对高技能劳动力要素流动的影响。尽管吉奥(Guirao,2017)研究了高铁对劳动力流动的影响,但并未分别就高铁对不同类型劳动力(高技能劳动力和低技能劳动力)的影响进行区分。空等(Kong et al.,2020)涉及了高铁对低技能劳动力流动的影响,但没有针对高铁对高技能劳动力的影响进行具体说明。知识经济时代,高技能劳动力是提高企业经营绩效和促进企业创新的基础(Hunt 和 Gauhier-Loiselle,2010),高附加值的创新往往依赖于人与人直接的接触和沟通。高铁的速度快和准点率高等优势能够促进时间价值高的高技能劳动力流动,吸引高技能劳动力到开通高铁的城市来工作。本部分以高铁开通作为一项准自然试验,实证研究高铁开通对高技能劳动力流动的影响。研究发现,高铁开通显著促进了样本城市高技能劳动力流动水平。进一步,高铁开通对影响企业数量和企业规模进而影响高技能劳动力流动。

二、模型构建和数据选取

本部分的主要考察对象为高铁对高技能劳动力流动的影响,为考察高铁对高技能劳动力流动的基准效应和空间溢出效应,设置包括双固定效应的基准双重差分模型和空间双重差分模型。

(一)基准双重差分模型

将高铁作为一项准自然实验,将开通高铁的城市作为处理组,未开通高铁的城市作为对照组,采用倾向得分匹配与双重差分相结合的 PSM-

DID 方法考察高铁开通对高技能劳动力流动的影响。双重差分模型要求样本必须满足"共同趋势",以避免处理组和对照组在选择过程中可能存在的"选择性偏误"(Khandker et al.,2010)。因此先采用倾向得分匹配法(PSM)对处理组和对照组样本进行匹配,使研究样本在考察期内具有共同的时间趋势,缓解样本选择偏差产生的内生性问题。基于匹配后的处理组和对照组样本,采用双重差分模型(DID)方法可进一步降低遗漏变量导致的内生性估计偏误。具体方法为通过选取若干特征变量 x,构建二元选择模型如下:

$$p_i(x) = pr(d_i = 1 \mid x_i) = f[h(x_i)] \tag{3.1}$$

其中,d 代表处理组虚拟变量(处理组 = 1,对照组 = 0),f 为 Logistic 分布函数,$h(x)$ 表示第 i 个地区协变量 x 的线性函数。在匹配过程中,我们按照高铁开通年份逐年匹配,评估每一个样本进入处理组的概率 p,按照处理组和对照组的概率 p 值要尽可能接近,满足平衡性原则,为每个确定为处理组的城市,从对照组中匹配出最相近的城市作为其对照城市。为保证处理组和对照组城市之间各因素能够均衡,拟采用 1∶n 倾向得分匹配方法对两组城市进行匹配。L1 measure 统计量当 n 为 3 时最小,表明按照 1∶3 是构建对照组的最佳匹配比例。此外,选取各协变量最接近当期而又不受当期政策影响的滞后一期数据进行匹配,以避免协变量受到政策冲击影响匹配效果。接下来采用匹配后的数据进行双重差分估计。构建回归方程如(3.2)所示:

$$Labor_{it} = \alpha_0 + a_1 HSR_{it} + \alpha_2 year_{it} +$$
$$\alpha_3 HSR_{it} \times year_{it} + \beta_j \sum X_{jit} + \mu_i + \lambda_t + \varepsilon_{it} \tag{3.2}$$

式(3.2)为估计高铁对高技能劳动力影响的 DID 模型。i 表示个体数,t 表示时期数,因变量 $Labor$ 为高技能劳动力流动量;HSR 为高铁虚拟变量(t 年份城市开通高铁设为 1,否则为 0),α_1 为其估计系数;$year$ 为时间虚拟变量(高铁开通的年份设为 1,否则为 0),α_2 为其估计系数;$HSR \times year$ 是需重点关注的高铁开通对处理组和对照组的影响差异,即高铁开通对高技能劳动力流动的影响效应,α_3 为其估计系数;X 为控制变量,β

为相应的估计系数;μ 为城市固定效应,λ 为时间固定效应;ε 为随机误差项。

（二）空间双重差分模型

在已有对高铁准自然实验效果评价的研究中,在研究方法上,学者们大多都采用基准双重差分模型。由于基准双重差分模型对个体存在严格的独立性假设,且只针对政策的直接效应进行测量,当高技能劳动力流动存在空间关联性时,这种方法通常具有局限性。因此,本书在基准双重差分模型的基础之上,引入空间 DID 模型,通过空间杜宾与双重差分的嵌套模型,测量高铁对高技能劳动力流动带来的直接效应与间接效应（即空间溢出效应）。使用空间双重差分模型的好处是,既能够从一种新视角探究高技能劳动力流动的高铁作用效果,也能对引入空间计量模型下高铁的直接效应和间接效应进行分解,讨论和评估高铁的空间溢出效应。

常见的空间计量模型有三种,空间滞后模型（SAR）、空间误差模型（SEM）及空间杜宾模型（SDM）,当地区间的相互作用通过模型中的误差项来实现,即空间溢出效应来源于随机冲击时,通常选择 SEM 模型;当自变量通过空间传导对其他地区产生影响时,通常选择 SAR 模型。SDM 可以看作是 SAR 与 SEM 的结合,模型同时包含自变量和因变量的滞后项,自变量的变化对本地区及相邻地区的因变量都会产生影响,在分析实际问题时具有以上两种模型的优点。

本书借鉴了查加斯（Chagas et al. ,2016）的处理方法,构造 SDMDID 模型,在传统 DID 模型上引入空间权重矩阵,模型形式设定式（3.3）:

$$Labor_{it} = \alpha_1 HSR_{it} \times year_{it} + \rho W_k Labor_{it} +$$
$$\theta\alpha\, W_k HSR_{it} \times year_{it} + \beta_j \sum X_{jit} + \mu_i + \lambda_t + \varepsilon_{it} \quad (3.3)$$

$$W_1 = \begin{bmatrix} W_{11} & \cdots & W_{1n} \\ \vdots & \ddots & \vdots \\ W_{N1} & \cdots & W_{Nn} \end{bmatrix} \quad (3.4)$$

$$W_1 = \begin{cases} 1/d_{ij} & i \neq j \text{ 且 } d_{ij} < d\text{max} \\ 0 & i = j \text{ 且 } d_{ij} > d\text{max} \end{cases} \quad (3.5)$$

其中,ρ 为空间自回归系数;θ 是自变量空间滞后项参数;μ_i 是城市固定效应;λ_t 为时间固定效应;α_1 是核心解释变量的系数,代表引入 SDM 后,高铁对高技能劳动力的影响程度。当 $k=1$ 时 W_1 为地理矩阵,是根据两城市地理位置差异构建出的空间距离矩阵,i 和 j 表示两个不同的城市;d_{ij} 为城市 i 与城市 j 之间的欧式距离,采用国家基础地理信息系统的经纬度数据计算获得;d_{max} 表示城市之间的最大距离,若距离超过此值则地区间的相互作用忽略不计。

虽然地理距离权重矩阵能在一定程度上体现城市之间的关系,但并不是地理距离相近的城市的高技能劳动力流动就有相关性,为探究经济距离临近地区是否也存在空间外溢效应,本书构建经济距离矩阵,即 $k=2$ 时 W_2 为经济距离空间权重矩阵,本书以 2004 年为基期,用平减之后的城市 GDP 均值进行测算,公式如下:

$$W_2 = W_{ij} = 1 \mid GDP_i - GDP_j \mid \tag{3.6}$$

其中 GDP_i 为以 2004 年为基期的城市 GDP 平减之后的均值。

(三)变量选择

采用2004—2020 年中国 287 个地级市的面板数据进行实证研究。由于 2004 年之前中国中西部地区行政区划进行了大幅度调整,2004 年之后的地级市数目基本稳定,为便于得到连续可比的相关数据指标选择 2004 年为研究时期的起点。研究中剔除了考察期内在地级市层面发生行政区划调整的城市,如巢湖市、三沙市等,但未剔除地级市内发生县区调整的城市,以及发生撤地设市的城市。实证研究中所使用的经济数据来源于历年各地区统计年鉴、《中国区域经济统计年鉴》《中国统计年鉴》和《中国城市统计年鉴》。高铁数据主要来源于中国铁路总公司网站①、国家铁路局的新闻报道或公告②、中国铁路总公司 12306 网站③和"去哪

---

① 参见 http://www.china-railway.com.cn/。

② 参见 http://www.nra.gov.cn/。

③ 参见 https://www.12306.cn/index/。

儿"网站[①]。

1. 核心解释变量:高铁变量

本部分采用准自然实验的方法,选取了 2004—2020 年中国 287 个地级市是否开通高铁的虚拟变量,包括高铁开通的城市虚拟变量(HSR)和时间虚拟变量(year),以及二者的交互项(HSR×year)。鉴于一些城市在样本期间开通了多条高铁线路,我们使用最早的高铁开通年份作为该城市的高铁开通日期。此外,将高铁开通时间为年底的线路开通时间做滞后一年处理。依据历年《全国铁路旅客列车时刻表》,确定全国各地级市开通高铁的年份数据[②],并统计了样本期间各地级市所有车站(包含所辖县市车站)高铁经停的车次频率数据(HSRN)[③]用于稳健性检验。

2. 被解释变量:高技能劳动力流动量

国际上高技能和低技能劳动力的划分方法一般有两种:一种是按教育程度来划分,受过大学及以上教育的劳动力为高技能劳动力,其他为低技能劳动力(Justman 和 Thisse,1997、2000;Eppelsheimer 和 Mcmillen,2019;Liu 和 Yang,2021);另一种是按工作性质来划分,非生产性工人为高技能劳动力,生产性工人为低技能劳动力(Eppelsheimer et al.,2019)。文献研究表明两种划分方法的估计结果是基本一致的(Falk 和 Seim,2001)。本书用前一种划分方法,选取 16—64 岁处于工作年龄群体中的大学以上受教育程度的劳动力来衡量高技能劳动力。此外,工资和住房的支付能力是影响劳动力流动的主要因素(Hass 和 Osland,2014)。借鉴广泛应用于经济学领域的引力模型来衡量城市间的高技能劳动力流动情况,构建高技能劳动力流动测度模型如下:

---

① 参见 https://www.qunar.com/。
② 本书指的高铁包括城际列车、动车和高铁,不对这三者加以特别区分。
③ 《全国铁路旅客列车时刻表》是由原铁道部(现为中国铁路总公司)供稿,是目前国内最为权威反映列车时刻表的书籍。考虑到季节运行图的调整,该列车时刻表基本都会在每年的 1 月、4 月、7 月和 10 月出版发行,我们选择了每年 4 月发行的版本搜集与高铁有关的信息,这主要出于两个原因:一是 4 月春运已结束,铁路客运基本恢复正常运行;二是考虑到高铁对经济增长的影响具有时滞性。另外,2013 年中国铁道出版社没有出版发行 4 月的铁路列车时刻表,我们以 7 月的版本替代。

$$Labor_{ij} = \ln Labor_i \times \ln | w_j - w_i | \times \ln | hp_j - hp_i | \times D_{ij} \quad (3.7)$$

式(3.7)中,表示城市 i 与 j 之间的高技能劳动力流动量,为城市 i 的高技能劳动力数量;w 为城镇单位就业人员的平均工资水平,hp 表示采用住宅平均销售价格衡量的房价水平。

高铁开通使城市间的时间距离已代替地理距离,因此本书依据已有文献基于经纬度数据测算的城市间的地理距离的方法,用城市间的时间距离测度 D,D 表示城市 j 到城市 i 的最短旅行时间。D_{ij} 的过程计算为首先运用 ArcGIS 依据城市的经纬度坐标数据计算出城市间直线距离,然后以城市间直线距离的 1.2 倍作为城市间铁路距离(Zheng 和 Kahn,2013)。若城市间有直达高铁,以 250 公里/小时的高铁速度计算 D_{ij},本书除换乘高铁的可能,城市间没有直达高铁的城市,用高速公路的速度100 公里/小时计算 D_{ij}。

城市 i 在某一年度高技能劳动力流动量为:

$$Labor_i = \sum_{j=1}^{n} Labor_{ij} \quad (3.8)$$

3. 协变量与控制变量

高铁建设不仅受经济因素的影响也受到地理因素的限制。因此,本书进行倾向得分匹配过程中所选取的可能影响高铁开通的协变量包括经济和地理因素。经济因素中选取了经济发展水平(GDP)、对外开放水平(Open)、人口规模(Pop)、城镇化水平(Urban)、公路里程(Road)、财政支出规模(Fiscal)。此外由于海拔越高,高铁建设成本越大,因此地理因素中选取地理坡度(Geo)作为协变量。

本书控制了其他一些可能影响高技能劳动力流动的变量:劳动力规模(Lab)是影响高技能劳动力流动量的基础。资本(Capital)中固定资产投资的增加会促进城市产业发展,提供更多的就业机会。运输基础设施(Facility)共同影响工人和货物的流动性(Monte et al.,2015)。对外开放水平(Open)决定了其对劳动力的需求和吸纳能力,进而影响城镇化的进程。技术进步(Technology)水平与高技能劳动力的集聚密切相关。城市公共服务水平(lngov)影响城市人口的流动(Davis 和 Henderson,2003)。

人力资本水平(lnedu)产生的外部性和学习效应有助于提高城市劳动生产率,进而吸引更多的高技能劳动力流入。城市的土地面积(lnarea)决定了其所能容纳的人口数量。工业化(lnindustry)是促进劳动力城乡迁移和城镇化的重要因素。对于产业结构(lnstructure),发展经济学理论认为,随着产业结构优化,劳动力由第一产业向第二、第三产业转移,特别是第三产业发展能够吸纳较多的就业人口,将会促进劳动力向城市流动。各变量的定义具体见表3.1。

表 3.1 变量定义与基本统计量

变量	定义	均值	标准差	最大值	最小值
lnlabor	见式(3.8)	37.887	21.602	198.000	12.555
HSR	当年开通高铁赋值为1,否则为0	0.566	0.496	1.000	0.000
year	高铁开通后的年份为1,否则为0	0.625	0.321	1.000	0.000
lnHSRN	城市高铁班次数除以100	1.008	1.530	5.984	0.000
lngeo	由 ArcGIS 根据中国 90 米分辨率高程数据计算	0.768	0.579	2.349	-4.075
lngdp	人均国内生产总值	16.429	16.631	18.936	12.607
lnopen	实际利用外资额	12.805	13.541	15.969	3.415
lnpop	年末户籍人口数	6.025	5.501	7.124	2.868
lnurban	城镇人口占总人口的百分比	2.148	2.246	4.582	-3.910
lnroad	高速公路里程	9.358	9.845	13.731	6.333
lnfiscal	公共财政支出	12.637	1.123	16.197	9.571
lnlab	年末市人口	6.024	5.501	7.123	2.868
lncapital	固定资产投资总额	15.908	15.981	17.964	12.273
lnfacility	高速公路的长度	9.358	9.845	13.730	6.333
lntech	专利申请授权数量	7.820	8.911	11.764	0.000
lningov	人均公共支出	9.363	1.122	12.112	8.704
lnedu	普通高校学生在校生人数	10.049	1.317	13.783	5.442
lnarea	市区内的城市土地面积	7.304	0.897	9.172	4.382
lnindustry	第二产业占 GDP 的比重	3.867	0.285	4.513	2.662
lnstructure	第三产业占 GDP 的比重	3.685	0.296	4.366	2.149

三、实证结果及分析

本部分将对模型(3.2)和模型(3.3)进行估计,选用的样本为2004—2020年中国287个城市的面板数据。首先运用基准双重差分方法对模型(3.2)进行估计,并对基本估计结果进行分析;然后采用基于空间DID对模型(3.3)进行检验,最后进一步对估计结果的稳健性进行分析,主要考虑内生性问题、高铁变量的不同度量及反事实检验。

(一)倾向得分匹配结果分析

为了考察倾向得分匹配结果的准确性,需先进行平行趋势检验,以保证协变量在处理组和对照组之间不存在显著差异。在条件外生假设下,要求处理组与对照组的协变量分布无系统性差异。表3.2报告了倾向得分匹配后协变量的平行趋势检验结果。

表3.2　平行趋势检验结果

变量	2008	2009	2010	2011	2012	2013	2014	2015	2016	2017	2018	2019
lngeo	−1.64	1.24	2.08	−1.12	−0.94	0.13*	3.21*	−1.78	2.34	−1.72	2.23	2.45
lngdp	0.78	−0.29	0.21	1.19	0.17	−0.48	−1.21	−1.20	1.18	2.11	−1.19	−1.02
lnopen	0.65	0.14	0.61	1.13	0.11	−0.13	−1.68	−1.65	2.77	−1.66	−1.65	−1.68
lnpop	−0.26	1.23	−0.51	−0.28	−0.52	−0.10	0.52	0.78*	0.50	−0.51	1.23	1.02
lnurban	1.73	−0.26	0.66	−0.36	0.36	1.77	−0.65	1.72	−0.32	1.12	1.13	1.13
lnroad	0.08	1.10*	0.14	−0.46	0.29	−0.13	0.63	0.15	−0.45	−0.47	0.28	0.22
lnfiscal	1.02	1.63	0.14	0.93	0.19	−0.84	−0.49	0.66	0.15	−1.67	−1.68	−1.58

注:表格中各协变量的数值为t统计量;***、**、*分别表示在1%、5%和10%水平上显著。

由表3.2可知,在倾向得分匹配后,t检验结果无法拒绝处理组和对照组之间无系统性差异的原假设。表明倾向得分匹配后,处理组和对照组的协变量数据特征趋于一致,符合可比性要求。

(二)基准双重差分估计结果

接下来主要基于基准双重差分模型(3.2)进行检验。为检验高铁整体上对高技能劳动力流动影响,采用全部地级市样本进行检验。高铁对不同城市高技能劳动力的影响具有异质性,为检验这种异质性分别从城市的地理区位和城市规模两个角度进行检验。第一,城市地理区位角度的检验中分别采用东部地区、中部地区、西部地区、东北地区的城市样本进行检验;第二,为检验高铁对不同规模城市的影响,参照国务院印发《关于调整城市规模划分标准的通知》①,分别用中小城市的子样本和大城市、特大城市、超大城市子样本进行回归。

采用 Stata13 软件基于倾向得分匹配后的样本对式(3.2)进行 DID 估计,结果见表 3.3。其中,模型(1)—(7)分别为全部样本地级市、东部地区、中部地区、西部地区、东北地区、中小城市(城区常住人口 100 万以下)及大城市(城区常住人口 100 万以上)样本的估计结果②。

表 3.3　基准 DID 估计结果

变量	(1)全国	(2)东部	(3)中部	(4)西部	(5)东北	(6)中小城市	(7)大城市
HSR×year	0.163 ***	0.188 ***	0.105 ***	0.059 ***	0.044 **	0.184 ***	0.287 ***
	(0.042)	(0.025)	(0.102)	(0.112)	(0.116)	(0.003)	(0.001)
lnlab	0.123 ***	0.263 ***	0.103 ***	0.072 ***	0.053 ***	0.078 ***	0.345 ***
	(0.080)	(0.061)	(0.141)	(0.188)	(0.184)	(0.112)	(0.032)
lncapital	0.187 **	0.198 **	0.186 **	0.087	0.089	0.089	0.208 **
	(0.062)	(0.012)	(0.142)	(0.167)	(0.122)	(0.156)	(0.002)
lnfacility	0.197 ***	0.224 ***	0.157 ***	0.199 ***	0.128 ***	0.123 ***	0.397 ***
	(0.073)	(0.015)	(0.055)	(0.133)	(0.122)	(0.110)	(0.009)

① 新的城市规模划分标准以城区常住人口为统计口径,城区常住人口 50 万以下的城市为小城市,城区常住人口 50 万以上 100 万以下的城市为中等城市,城区常住人口 100 万以上 500 万以下的城市为大城市,城区常住人口 500 万以上 1000 万以下的城市为特大城市;城区常住人口 1000 万以上的城市为超大城市。

② 四大经济区域是按照国家统计局的划分方法,分别是指:东部地区(北京、天津、河北、上海、江苏、浙江、福建、山东、广东、海南 10 个省市)、中部地区(山西、安徽、江西、河南、湖北、湖南 6 省)、西部地区(重庆、四川、贵州、云南、西藏、陕西、甘肃、青海、宁夏、新疆、内蒙古、广西 12 省区市)和东北地区(辽宁、吉林、黑龙江 3 省)。

续表

变量	(1)全国	(2)东部	(3)中部	(4)西部	(5)东北	(6)中小城市	(7)大城市
lnopen	0.116***	0.179***	0.194***	0.015	0.114***	0.102**	0.214***
	(0.028)	(0.024)	(0.062)	(0.078)	(0.052)	(0.032)	(0.012)
lntec	0.122***	0.179***	0.108**	0.114*	0.089**	0.109**	0.289***
	(0.005)	(0.055)	(0.064)	(0.061)	(0.035)	(0.031)	(0.024)
lngov	0.151***	0.252***	0.154***	0.081***	0.092***	0.094***	0.325***
	(0.007)	(0.004)	(0.006)	(0.011)	(0.012)	(0.010)	(0.001)
lnedu	0.098***	0.132***	0.049***	0.043***	0.067***	0.079***	0.199***
	(0.051)	(0.031)	(0.044)	(0.031)	(0.044)	(0.038)	(0.029)
lnarea	0.178***	0.289***	0.124***	0.072***	0.102***	0.123***	0.349***
	(0.041)	(0.032)	(0.022)	(0.021)	(0.041)	(0.032)	(0.011)
lnindustry	0.125***	0.148***	1.024	1.015	1.023	0.132	0.198***
	(0.093)	(0.032)	(0.077)	(0.073)	(0.066)	(0.043)	(0.011)
lnstructure	0.099***	0.122***	0.011	0.011	0.008	0.011	0.178***
	(0.011)	(0.010)	(0.011)	(0.011)	(0.003)	(0.003)	(0.014)
R-squared	0.78	0.32	0.24	0.44	0.32	0.187	0.298

注:每个变量括号上方的值表示其估计系数,括号内的值为相应的聚类稳健标准误差。***、**、*分别表示1%、5%和10%的显著性水平。

表3.3检验结果中的模型(1)验证了高铁对全部样本城市高技能劳动力流动的影响。所有样本地级市检验中HSR×year显著为正且在1%显著性水平下显著,表明高铁开通促进了高技能劳动力流动。

表3.3检验结果中的模型(2)—(5)验证了高铁对不同城市高技能劳动力流动的影响存在差异性。分地区估计结果表明,高铁对东部地区的高技能劳动力流动促进效益最大,中部、西部及东北地区依次降低。对比原始数据发现,高铁显著增强了东部地区城市高技能劳动力的吸附力,是高技能劳动力密集流入地区。而高铁对中部、西部及东部地区高技能劳动力流动的促进作用为流出效应,高铁加剧了这些地区的高技能劳动力流失现象。这可能由于在高铁建设方面,相对于发达东部地区,这些地

区高铁开通时期较短,且线路长度和密度都与东部存在较大差距。高铁的高技能劳动力流动效应在不同区域间存在显著差异,因此需合理引导高技能劳动力有序流动。

表3.3的模型(6)和(7)结果表明,在不同类型城市样本中,高铁均促进了高技能劳动力流动,但对大城市、特大城市、超大城市样本的促进作用显著高于中小城市。通过对原始数据分析,发现高铁开通加剧了中小城市高技能劳动力流出,增强了大城市、特大城市、超大城市的高技能劳动力吸引力。这一结论也验证了邓涛涛等(2019)和李祥妹等(2014)关于高铁促进人口向大城市集聚的结论。

表3.3中模型(1)—(5)所示的结果表明,控制变量在全国范围内都对高技能劳动力的流动产生显著积极影响,但在不同区域中的作用存在差异。全国范围样本和分地区样本结果显示,劳动力对高技能劳动力流动的影响效应显著为正,即劳动力规模越大的地区,其高技能劳动力流动量越大。全国范围、东部及中部地区的资本水平显著促进了高技能劳动力流动,而西部和东北地区的估计结果不显著。基础设施建设在全国和各地区都显著促进高技能劳动力流动。全国范围、东部、中部及东北地区的对外开放均对高技能劳动力流动具有显著的正向影响,表明外资进入有利于提升技术水平和管理经验,促进城市产业提升,增加了高技能劳动力流动,而西部地区的对外开放程度相对较低,对高技能劳动力流动无显著效应。全国范围和各地区结果均显示,技术创新水平越高,越有利于城市经济增长和产业升级,促进高技能劳动力流动。

全国和各地区的城市公共服务水平均显著促进了高技能劳动力流动,高技能劳动力在公共服务较好的城市能得到更多的城市服务和保障。各模型中人力资本水平都显著促进了高技能劳动力流动,表明人力资本水平较高的城市更容易形成高技能劳动力的集聚效应。土地面积在各模型中都显著促进了高技能劳动力流动,城市市辖区的土地面积表明了城市的发展程度和城市规模,这是吸引高技能劳动力的重要基础条件。工业化和产业结构变量在全国和东部地区层面均显著促进了高技能劳动力流动,但在中部、西部及东北地区系数并不显著。这一结果表明在全国范围和东部地区,由于较高的工业化水平和产业结构的优化,第二和第三产业的就业岗位增加,促进了高技能劳动力流动。在中部、西部及东北地区承接了东部地区产业转移,工业化程度还需加深,产业结构还需进一步优化,因此高技能劳动力的流动效应并不显著。

表3.3中模型(6)和(7)的结果表明,从城市规模角度来看,资本水平、工业化水平、产业结构三个控制变量系数在中小城市样本中不显著,表明中小城市受资本水平、工业化水平和产业结构的限制,吸引高技能劳动力就业的能力较弱。

劳动力规模、基础设施建设、对外开放水平、技术创新水平、城市公共服务水平、人力资本水平、城市市辖区土地面积在不同规模城市中系数均显著为正,只是在大城市样本中,系数更大,表明城市规模越大,上述控制变量对高技能劳动力流动的促进作用越强。

(三)空间DID模型估计结果

本部分基于空间DID模型(3.3)进行检验,运用地理距离矩阵和经济距离矩阵的空间DID估计结果分别见表3.4和表3.5。进行空间DID回归前,本书已对模型进行空间自相关检验,高技能劳动力流动量Moran's指数显著为正,表明高技能劳动力流动在空间维度上呈现正相关,适合引入空间计量模型分析文章问题。其次,对空间计量模型的设定也进行了检验,使用拉格朗日乘数(LM)检验和稳健拉格朗日乘数(Robust-LM)检验空间滞后项和空间误差项是否需要纳入模型中,表3.4和表3.5中test lag和test error的结果(P值为0)整体上都通过了显著性检验,即空间滞后项与空间误差项均应纳入本书的模型当中,应用SDMDID模型更适合于本书的分析。检验结果中系数θ和ρ都显著,说明自变量和因变量都具有空间效应,表明模型选择合理。

表 3.4　地理临近地区高铁开通的空间外溢效应

变量	（1）全国	（2）东部	（3）中部	（4）西部	（5）东北	（6）中小城市	（7）大城市
HSR×year	0.154 ***	0.158 ***	0.094 ***	0.051 **	0.028 **	0.168 ***	0.264 ***
	（0.012）	（0.011）	（0.042）	（0.024）	（0.062）	（0.001）	（0.001）
ρ	0.081 ***	0.080 ***	0.080 ***	0.060 ***	0.057 ***	0.071 ***	0.095 ***
	（0.003）	（0.003）	（0.003）	（0.004）	（0.005）	（0.004）	（0.004）
θ	−0.137 **	0.558 **	0.082	0.155	0.077	0.277	0.797 ***
	（1.032）	（2.013）	（0.743）	（0.811）	（0.721）	（1.723）	（2.117）
variance	822.19 ***	560.124 ***	1141.157 ***	360.499 ***	20.328 ***	89.331 ***	422.301 ***
	（3.073）	（2.015）	（5.055）	（1.133）	（0.129）	（0.143）	（2.129）
LM-test lag	20.607 ***	35.180 ***	29.681 ***	36.328 ***	27.900 ***	58.183 ***	28.691 ***
	（0.000）	（0.000）	（0.000）	（0.000）	（0.000）	（0.000）	（0.000）
Robust LM-test lag	12.667 ***	14.795 ***	18.304 ***	16.158 ***	12.601 ***	23.328 ***	10.210 ***
	（0.000）	（0.000）	（0.000）	（0.000）	（0.000）	（0.000）	（0.000）
LM-test error	10.789 ***	6.631 ***	9.386 ***	8.694 ***	7.928 ***	17.207 ***	10.603 ***
	（0.000）	（0.000）	（0.000）	（0.000）	（0.000）	（0.000）	（0.000）
Robust LM-test error	6.381 ***	4.293 ***	6.482 ***	5.795 ***	5.324 ***	14.658 ***	8.304 ***
	（0.000）	（0.000）	（0.000）	（0.000）	（0.000）	（0.000）	（0.000）
控制变量	控制	控制	控制	控制	控制	控制	控制
时间效应	控制	控制	控制	控制	控制	控制	控制
地区效应	控制	控制	控制	控制	控制	控制	控制
R-squared	0.78	0.32	0.24	0.44	0.32	0.187	0.298

注：采用聚类稳健标准误差；*、**、*** 分别表示在 10%、5% 和 1% 显著性水平下显著。

表 3.5　经济临近地区高铁开通的空间外溢效应

变量	（1）全国	（2）东部	（3）中部	（4）西部	（5）东北	（6）中小城市	（7）大城市
HSR×year	0.159 ***	0.164 ***	0.102 ***	0.053 **	0.032 **	0.180 ***	0.276 ***
	（0.011）	（0.010）	（0.011）	（0.034）	（0.032）	（0.001）	（0.021）

续表

变量	(1)全国	(2)东部	(3)中部	(4)西部	(5)东北	(6)中小城市	(7)大城市
ρ	0.072***	0.077***	0.083***	0.063***	0.055***	0.079***	0.098***
	(0.002)	(0.002)	(0.001)	(0.003)	(0.002)	(0.002)	(0.001)
θ	−0.169**	0.842**	0.084	0.121	0.065	0.232	0.877***
	(1.031)	(2.011)	(0.334)	(0.310)	(0.124)	(2.117)	(1.723)
variance	734.18***	545.121***	1026.123***	359.477***	20.303***	89.211***	421.101***
	(2.071)	(2.001)	(4.034)	(1.101)	(0.156)	(0.112)	(1.187)
LM-test lag	23.625***	35.678***	29.247***	33.575***	27.456***	58.168***	28.367***
	(0.000)	(0.000)	(0.000)	(0.000)	(0.000)	(0.000)	(0.000)
Robust LM-test lag	12.257***	14.876***	18.124***	16.745***	12.168***	23.368***	11.267***
	(0.000)	(0.000)	(0.000)	(0.000)	(0.000)	(0.000)	(0.000)
LM-test error	14.478***	6.378***	9.156***	8.484***	7.267***	14.234***	10.466***
	(0.000)	(0.000)	(0.000)	(0.000)	(0.000)	(0.000)	(0.000)
Robust LM-test error	6.245***	4.267***	6.435***	5.713***	5.335***	14.613***	8.313***
	(0.000)	(0.000)	(0.000)	(0.000)	(0.000)	(0.000)	(0.000)
控制变量	控制	控制	控制	控制	控制	控制	控制
时间效应	控制	控制	控制	控制	控制	控制	控制
地区效应	控制	控制	控制	控制	控制	控制	控制
R-squared	0.69	0.34	0.33	0.47	0.31	0.176	0.234

注:采用聚类稳健标准误差;*、**、*** 分别表示在10%、5%和1%显著性水平下显著。

表3.4和表3.5第(1)列的结果表明,在地理邻接矩阵和经济邻接矩阵下,高铁对高技能劳动力流动的促进作用仍然显著为正,但系数小于基准DID结果。回归结果表明,当SDMDID模型用于评估高铁对高技能劳动力流动的影响,并且在空间水平上的一些内生问题得到控制时,高铁仍然在高技能劳动力的流动中起着关键作用。

表3.4和表3.5中第(2)列和第(7)列的空间溢出效应显著。在表

3.4 和表 3.5 中,第(2)和第(7)列中的系数 θ 显著为正,表明从城市地理位置和经济距离的角度来看,东部地区和大城市的高铁不仅提高了城市中高技能劳动力的流动水平,而且对地理和经济上相邻的城市具有显著的溢出效应。

表 3.6 地理相邻区域空间 DID 的高铁效应分解

变量	(1)全国	(2)东部	(3)中部	(4)西部	(5)东北	(6)中小城市	(7)大城市
Totalα1	0.156***	0.189***	0.093***	0.060**	0.027**	0.157***	0.266***
	(0.011)	(0.010)	(0.041)	(0.021)	(0.060)	(0.002)	(0.001)
Directα1	0.101***	0.088***	0.062***	0.031**	0.018**	0.101***	0.106***
	(0.009)	(0.010)	(0.021)	(0.021)	(0.012)	(0.001)	(0.001)
Indirectα1	0.055***	0.101***	0.031***	0.029	0.009	0.056***	0.160***
	(0.011)	(0.001)	(0.012)	(0.020)	(0.002)	(0.001)	(0.001)

注:p<0.01;用 stata16 软件计算回归结果;括号中是聚类稳健标准误差。

表 3.7 经济相邻区域空间 DID 的高铁效应分解

变量	(1)全国	(2)东部	(3)中部	(4)西部	(5)东北	(6)中小城市	(7)大城市
Totalα1	0.256***	0.129***	0.187***	0.082***	0.053**	0.032**	0.140***
	(0.011)	(0.010)	(0.011)	(0.034)	(0.032)	(0.001)	(0.021)
Directα1	0.083***	0.087***	0.054***	0.026**	0.021**	0.093***	0.102***
	(0.002)	(0.003)	(0.008)	(0.017)	(0.026)	(0.001)	(0.005)
Indirectα1	0.046***	0.100***	0.028***	0.027	0.011	0.047***	0.154***
	(0.010)	(0.004)	(0.011)	(0.009)	(0.002)	(0.001)	(0.004)

注:p<0.01;用 stata16 软件计算回归结果;括号中是聚类稳健标准误差。

此外,使用埃尔霍斯特(elhorst 2010)的方法,通过偏微分分解 SDMDID 的空间效应。表 3.6 和表 3.7 分别是在地理邻接矩阵和经济邻接矩阵下,高铁对高技能劳动力流动的空间 DID 效应的分解结果。Directα1 是直接效应,即高铁对城市高技能劳动力流动的影响;Indirectα1 是间接效应,即空间溢出,是高铁对周边城市高技能劳动力流动的平均影响;Totalα1 是直接效应和间接效应的总和。

本书从空间角度研究高铁对高技能劳动力流动直接和间接影响之间的关系。在间接效应中,西部、东北部和中小城市的高铁仅与该地区高技能劳动力的流动有关,而没有改善空间溢出。相比之下,东部地区、大城市的高铁具有很强的高技能劳动力流动扩散能力,因此空间溢出效应很高。

总的来看,在效应分解后,东部地区、大城市高铁对高技能劳动力流动的间接效应大于其直接效应,间接效应占总效应的很大一部分。这是因为东部地区的实验组城市和大城市组成的实验组在空间维度上高度集中,形成了集中的城市群,这种聚集状态导致高空间溢出效应。

四、估计结果的稳健性分析

本书接下来检验高铁对高技能劳动力流动正向效应的稳健性。为了得到稳健性估计结果,本书分别考虑了不同情形对检验结果的影响。首先是内生性问题,其次是高铁变量的不同度量方法,最后采用反事实方法进行安慰剂检验。

(一)高铁的内生性问题

高铁分布受复杂的现实条件约束,因此高铁变量存在内生性问题。在各城市经济社会发展情况完全相同的假设条件下,高铁线路的分布及城市是否开通高铁可能是随机的。高铁的经济效益可通过开通高铁和未开通高铁两个城市组之间的差异对比说明。然而,社会经济发展的现实状况是,中国不同区域城市间存在显著差距,各城市的高铁建设并不是随机的。第一,经济发展程度较高的大城市和省会城市由于其自身经济、政治、社会发展需要,会被优先纳入高铁建设规划中。第二,那些具有显著资源优势或区位优势的城市也更容易加入高铁网络。因此,城市能否被联入高铁网络,受到政治、经济、社会发展等各因素的复杂影响,并不是外生随机的,因此高铁对高技能劳动力影响的检验中,需处理高铁变量的内生性问题。

借鉴于等(Yu et al.,2019)以及布切尔和凯伯兹(Büchel 和 Kyburz,2020)的最小成本路径法来处理高铁内生性问题。其基本思路为：在交通基础设施规划初期，主要节点城市会首先被纳入规划，按照最小成本理论，如果将两节点城市按照直接连接建设高铁，那途经城市将是随机决定的。但在实际运行中，高铁建设在考虑其建设成本的同时，还要兼顾经济效益，因此经济发达、人口密集城市会被绕道连接。为解决高铁变量潜在的内生性问题，通过最小成本路径构建虚拟高铁路线作为实际高铁路线的工具变量，相关数据来源于中国地理空间数据云 DEM 数字高程数据 SRTM(Shuttle Radar Topography Mission,精度90M)。具体操作步骤如下。

1. 主要节点城市的选择

以 2008 年中国开通高铁的起始年份数据为依据，综合考量人口规模和交通战略位置因素选择并确定主要节点城市。

2. 运用高程数据模拟最小成本路径

两节点城市间的地形、高程、环境敏感性、土地覆盖等地理条件是影响虚拟高铁建设成本的主要因素。将地理因素作为高铁站点位置的唯一标准，可显著降低高铁的内生性。对于已选定的主要城市节点，依据起伏度、坡度和河流参数，使用 ArcGIS 工具"最小成本路径"在 250 米×250 米的网格上绘制成本有效线路。首先，将各城市 DEM 数据导入 ArcGIS 中，利用空间分析工具提取各城市的坡度、起伏度及水流等数据，并对处理后得到的栅格数据进行重新分类，生成坡度、河流成本及起伏度数据。接下来，运用 DEM 中"加权叠加"工具对坡度、起伏度及河流设置对应权重，进行叠加得到综合成本数据。最后，利用 DEM 中"空间分析"工具得到成本距离栅格数据和最小成本路径。

3. 生成高铁工具变量

最小成本路径生成与城市边界的交互项，以生成指数：如果存在穿过城市的最小成本路径，则将其设置为 1；如果所有最低成本路径都不经过城市，我们将其设置为 0。工具变量用于估计高铁变量对高技能劳动力流动的影响,第一阶段和第二阶段的回归方程采用式(3.9)和式(3.10),其中LCP_{it}为$HSR_{it} \times year_{it}$的工具变量。采用国家地级市样本运用两阶段最小二乘法(2SLS)进行检验。表3.8中的第(1)列和第(2)列是两阶段回归的估计结果,第(3)列和第(4)列是工具变量一阶段回归的估计结果。

$$HSR_{it} \times year_{it} = \alpha_0 + \varphi LCP_{it} + \beta_j \sum X_{jit} + \mu_i + \lambda_t + \epsilon_{it} \quad (3.9)$$

$$Labor_{it} = \alpha_1 HSR_{it} + \alpha_2 year_{it} + \alpha_3 HSR_{it} \times year_{it} +$$
$$\beta_j \sum X_{jit} + \mu_i + \lambda_t + \epsilon_{it} \quad (3.10)$$

表3.8　工具变量检验结果

变量	两阶段回归		工具变量一阶段回归	
	(1)	**(2)**	**(3)**	**(4)**
HSR×year	0.165 *** (10.231)	0.154 *** (3.238)		
IV			0.013 *** (12.554)	0.036 *** (3.287)
Kleibergen-Paap-rk-LM			17.214 *** (0.000)	12.332 *** (0.000)
Kleibergen-Paaprk-Wald-F			18.514 *** (0.000)	12.456 *** (0.000)
控制变量	否	是	否	是
Observations	4879	4879	4879	4879
R-squared	0.502	0.429	0.1953	0.3546

注:LM 统计和 F 统计的括号中的值为 p 值,其余为 t 值。 ***、**、* 分别在1%、5% 和10% 的水平上显著。

表3.8 结果表明,对于辅助变量,第一阶段的 Kleibergen-Paap-rk-Wald-Fin 值大于第一阶段 10 的经验值,因此拒绝了弱辅助变量的假设,辅助变量选择是有效的。回归结果表明,本书涉及的关键解释变量 HSR×year 的估计系数显著为正,工具变量法结果与基准回归结果的系数和显著性一致,表明高铁开通有助于促进高技能劳动力流动,证明基

准回归结果是稳健的。

(二)改变高铁变量

为了测试在高铁指标发生变化的情况下,结果是否仍然稳健,我们使用城市开通高铁的车次数(HSRN)代替高铁虚拟变量(HSR)对模型(3.2)重新进行了估计,HSRN 变量表示在城市开通的高铁班次的数量。仍采用 DID 方法进行估计,结果如表 3.9 所示。测试结果表明,HSRN×year 系数在 5% 和 1% 的统计水平上具有显著性,这证实了实证结果的稳健性。

表 3.9 核心解释变量的稳健性检验

变量	(1)全国	(2)东部	(3)中部	(4)西部	(5)东北	(6)中小城市	(7)大城市
HSRN× year	0.139 ** (0.013)	0.157 *** (0.011)	0.114 ** (0.012)	0.049 *** (0.011)	0.032 *** (0.045)	0.189 *** (0.001)	0.294 ** (0.001)
控制变量	Yes	Yes	Yes	Yes	Yes	Yes	Yes
Intercept	−3.369 *** (8.421)	−2.197 *** (12.001)	−3.075 *** (13.001)	−3.254 *** (11.131)	−3.715 *** (9.162)	−2.187 *** (8.436)	−3.715 *** (6.879)
时间效应	控制	控制	控制	控制	控制	控制	控制
地区效应	控制	控制	控制	控制	控制	控制	控制
Observations	4879	1496	1326	1513	544	1802	3077
R-squared	0.178	0.249	0.189	0.199	0.239	0.346	0.378

注: *** 、** 、* 分别在 1% 、5% 和 10% 的水平上显著。

(三)安慰剂试验

实施安慰剂试验以进一步评估处理组和对照组的选择是否是随机的。安慰剂试验的识别策略是构建反事实场景,假设高铁在邻近地级市也开放。安慰剂试验仍采用基于模型(3.2)的 DID 方法进行。如果 HSRN×year 的系数变小或不再显著,表明基准检验结果是稳健的。根据表 3.10 中的安慰剂测试结果,HSR×year 的系数不再显著,因此结果是稳健的。

表 3.10 安慰剂检验

变量	(1)全国	(2)东部	(3)中部	(4)西部	(5)东北	(6)中小城市	(7)大城市
HSRN× year	0.004 (0.010)	0.039 (0.021)	0.054 (0.012)	0.028 (0.011)	0.019 (0.044)	0.056 (0.051)	0.074 (0.041)
控变量制	是	是	是	是	是	是	是
Intercept	−2.143*** (6.112)	−2.723*** (12.100)	−1.024*** (11.232)	−3.122*** (13.112)	−3.343*** (12.154)	−3.144*** (9.434)	−3.764*** (6.821)
时间效应	控制	控制	控制	控制	控制	控制	控制
地区效应	控制	控制	控制	控制	控制	控制	控制
Observations	4879	1496	1326	1513	544	1802	3077
R-squared	0.189	0.238	0.233	0.221	0.241	0.324	0.385

注:*** 、** 、* 分别在 1% 、5% 和 10% 的水平上显著。

五、机制检验

本部分对高铁对高技能劳动力流动的作用机制进行检验。为了验证高铁通过扩大市场规模,增加企业的数量和规模,进而作用于高技能劳动力的传导机制,进一步检验了高铁开通对每年新上市的企业数量和企业规模的影响,因此选取企业数量和规模作为中介变量进行机制检验。在机制检验部分采用全国层面 287 个地级市的样本数据,其中企业规模分别用企业总资产和员工数量两个指标来测度(Zahra 和 Neubaum,2000),相关数据来源于 CSMAR 数据库。

根据巴伦和肯尼(Baron 和 Kenny,1986)的研究,设定如下中介效应机制检验模型:

$$Labor_{it} = \alpha_0 + \alpha_1 HSR_{it} \times year_{it} + \beta_j \sum X_{jit} + \mu_i + \lambda_t + \varepsilon_{it} \quad (3.11)$$

$$newlist_{it}/size_{it} = \alpha_2 + \alpha_3 HSR_{it} \times year_{it} + \beta_j \sum X_{jit} + \mu_i + \lambda_t + \varepsilon_{it} \quad (3.12)$$

$$Labor_{it} = \alpha_4 + \alpha_5 HSR_{it} \times year_{it} + \alpha_6 newlist_{it}/size_{it} +$$
$$\beta_j \sum X_{jit} + \mu_i + \lambda_t + \varepsilon_{it} \quad (3.13)$$

其中 $newlist_{it}$ 和 $size_{it}$ 代表中介变量,$newlist_{it}$ 为企业数量,$size_{it}$ 为企业

规模,其余解释变量与上文一致。分别对三个模型进行回归,若 α_1 回归系数显著,则说明高铁开通对高技能劳动力流动具有促进作用;接着观察 α_3 和 α_6 的显著性,如果两者均显著,则说明高铁开通通过影响企业数量和企业规模来影响城市的高技能劳动力流动水平。若上述两个条件同时满足,则说明中介效应显著。若同时满足上述条件,α_5 不显著,则说明存在完全中介效应,即高铁开通只通过影响企业数量和企业规模来影响城市高技能劳动力流动水平,而不直接影响城市高技能劳动力流动水平。

高铁对高技能劳动力流动作用机制的检验结果具体见表 3.11。使用 Sobel 和 Bootstrap 方法检验中介变量的有效性。表 3.11 中 Sobel 检验 P 值为 0,证明了中介效应成立。此外,本书还采用 Bootstrap 检验对中介效应进行再次检验,设定抽样次数分别为 500 和 1000,得到回归结果的 P 值依然显著为 0,且通过 Bootstrap 计算得到的置信区间均未包含 0,中介效应成立。表 3.11 的机制 1 中检验每年新上市企业数量(newlist)的中介效应,机制 1 检验分别用总资产(capital)和员工数量(staff)测度的企业规模的中介效应。

表 3.11　高铁对高技能劳动力流动的传导机制检验

变量	机制 1			机制 2			机制 2		
	labor	**newlist**	**labor**	**labor**	**capital**	**labor**	**labor**	**staff**	**labor**
HSR×year	0.168 *** (0.023)	0.482 *** (0.031)	0.162 *** (0.024)	0.168 *** (0.023)	0.545 *** (0.020)	0.163 *** (0.012)	0.168 *** (0.023)	0.607 *** (0.010)	0.154 *** (0.033)
newlist			0.334 *** (0.011)						
capital						6.861 ** (0.026)			
staff									3.867 *** (0.086)
Sobel	0.585(z=12.94,p=0)			0.594(z=12.43,p=0)			0.678(z=12.22,p=0)		

续表

变量	机制1			机制2			机制2		
	labor	newlist	labor	labor	capital	labor	labor	staff	labor
Boostrap	Direct effect:0.142(z=5.091,p=0) Indirect effect:0.094(z=5.810,p=0)			Direct effect:0.157(z=4.230,p=0) Indirect effect:0.144(z=4.342,p=0)			Direct effect:0.168(z=3.446,p=0) Indirect effect:0.134(z=4.327,p=0)		
控制变量	是	是	是	是	是	是	是	是	是
固定效应	是	是	是	是	是	是	是	是	是
Observations	4879	4879	4879	4879	4879	4879	4879	4879	4879
R-squared	0.287	0.951	0.439	0.287	0.991	0.337	0.287	0.964	0.345

注:***、**、*分别代表1%、5%和10%的显著性水平。

表3.11的检验结果验证了高铁通过扩大市场规模,增加企业的数量和规模,进而作用于高技能劳动力的传导机制。从机制1的结果来看,HSR×year的系数在1%的水平显著为正,说明高铁开通显著提升高技能劳动力流动水平,这与前文结论一致。式(3.12)的回归结果,HSR×year的系数在1%的水平显著为正,说明高铁开通会促进城市新注册企业数量增加。由式(3.13)的回归结果来看,HSR×year和newlist的系数均在1%的水平上显著为正,说明中介效应显著存在。从机制2结果来看,用总资产(capital)和员工数量(staff)测度的企业规模的中介效应都显著存在。即高铁开通既会通过影响企业数量和企业规模间接影响城市的高技能劳动力流动水平,也会直接影响城市的高技能劳动力流动水平。此外,机制1和机制2中,Sobel检验和Boostrap检验结果可以看出,此中介效应在1%的水平下显著为正。因此,可以证明高铁建设会通过影响企业数量和企业规模进而影响城市的高技能劳动力流动水平。

六、研究结论

将高铁开通作为一个准自然试验,采用2004年至2020年全国287

个地级市面板数据,系统全面地评估高铁对高技能劳动力流动的影响及作用机制。使用基准 DID 模型实证分析发现,高铁对高技能劳动力流动具有显著促进效应,但这种效应在不同经济区域和不同城市类型间存在显著差异。具体为:从区域层面,高铁增强了东部地区高技能劳动力的吸引力,加剧了中西部地区和东北地区的高技能劳动力流失;从城市类型层面,高铁开通后对中小城市高技能劳动力虹吸效应增大;大城市、特大城市、超大城市增强了高技能劳动力吸附力。

引入空间 DID 分析,通过空间杜宾和双重差分的嵌套模型,在放松个体相互独立假设的前提条件下,从空间维度讨论高铁的高技能劳动力流动效果,得到的高铁对高技能劳动力流动的促进效果依然显著,与基准回归一致。本书进一步支持了董等(Dong et al.,2020)关于高铁改变了中国科学家的空间均衡分布,使接入高铁城市的科学家素质更高的研究结果。进一步对比高铁的直接效应和间接效应发现,无论空间 DID 模型检验时采用地理距离矩阵还是经济距离矩阵,东部地区和大城市、特大城市、超大城市的高铁开通不仅提升了该市的高技能劳动力流动水平,还对与其邻近城市存在显著的空间溢出效应,而中部、西部及东北地区城市及中小城市的空间溢出效应不显著。效应分解后,东部地区、大城市、特大城市、超大城市高铁对高技能劳动力流动的间接效应大于其直接效应,且间接效应占总效应很大一部分比重。进一步的作用机制检验发现,高铁通过增加企业的数量和规模两种渠道显著增强高技能劳动力流动。

高速铁路空间影响的这些差异与之前在城市层面使用不同数据类型的研究结论一致(Guo et al.,2020)。印证了高铁建设对劳动力要素的空间配置具有"双刃剑"效应的观点。虽然高铁对高技能劳动力发挥了促进效应,但在不同城市效应具有差异性,在促进了东部城市和大城市人才集聚的同时,也加剧了其他城市的高技能人才流失。

第二节　高铁对农村劳动力务工
与务农行为选择的影响

2019 年 10 月 15 日,交通运输部确定样本所在地山东省为第一批交通强国建设试点地区。本部分以山东省为样本,检验高铁对农村劳动力流动的影响。

一、样本所在地高铁发展状况

山东拥有济青高铁和经济南的京沪高铁两条核心干线,已成为高铁大省,呈现出济南、青岛和烟台三核驱动的发展态势。2020 年底,济南与烟台间的时间距离伴随潍坊—莱西高速铁路的开通缩短至 2 小时。未来山东省高铁发展在城市间的布局将更加均衡。曲菏段高铁的建成开通将巨野、嘉祥、兖州、济宁(任城)联入高铁网。鲁南地区的菏泽和鲁西地区的聊城,分别位于鲁南高铁和丰雄商(京九)高铁交会处、郑济高铁和丰雄商交会处,在高铁效应下,这两个城市将发展为重要交通枢纽城市。京沪通道二线(津潍烟高铁)和济滨高铁的开通将为滨州和烟台两城市的发展提供高铁驱动力。山东省高速铁路的发展状况主要如表 3.12 所示。

表 3.12　山东省高速铁路发展状况

开通时间	路线	说明
首批动车线路		
2007.4	既有京沪铁路和胶济铁路	山东开通的首批动车线路
两条核心路线		
2016 年底	胶济客运专线	与胶济铁路几乎并行,众多火车站是原有胶济铁路的车站。原有胶济铁路改以货运为主。

续表

开通时间	路线	说明
2011.6.30	经济南的京沪高铁	山东第一条真正意义的高铁
核心路线延伸:胶东地区		
2016 年底	青岛—荣成路线	青烟威荣地段铁路(部分为环渤海高铁组成部分),由荣成北可直达北京、上海、济南。青岛人民再不必到即墨坐动车去威海。
2015 年初	青烟直通线和烟荣联络线	解决烟台南站与市区距离遥远问题
2018 年初	龙烟快速铁路动车组	全国铁路线路图上新增了"龙口市"站,龙口到烟台、龙口到威海、龙口到青岛、烟台到龙口、济南到龙口的动车组列车班次上线运行。
核心路线延伸:鲁西地区		
2017 年底	石济客专	连接济南与石家庄
2017 年底	德州东联络线和齐河联络线	为连接石济客专与京沪高铁
2017 年底	石家庄—齐河段	先接入济南西站,中国高铁"四纵四横"的一部分
济青高铁和沿海高铁		
2018.12.26	济青高铁	平行于胶济客专线路。在青岛新机场(胶东国际机场)设站,设滨州唯一高铁站邹平站。将来运营后的终点站红岛站,将是青岛第一大站,也是青盐快速铁路的枢纽站。
2018.12.26	青盐铁路(山东段)	山东省沿海铁路
山东省内环线		
2019.11	鲁南高铁(日兰高铁)日曲段	由日照西站起在曲阜东站接入京沪高铁,改善了鲁东南地区高铁交通。山东省内形成局部高铁环线,临沂北—临沂北、济南—济南、济南西—济南西,7 小时可绕山东省一圈,一天内可转两圈。临沂北站成为全国普通地级市中最大的高铁站。
聊城和菏泽开通动集列车		
2019 年底	京九铁路动集列车	聊城和菏泽开通动集列车
"八纵八横"连接线		

续表

开通时间	路线	说明
2020.11.26	潍荣高铁潍坊莱西段	青岛莱西市和潍坊市的高速铁路,线路开通使烟台、威海的动车不用绕到青岛前往济南。
2021.12.26	日兰高铁曲庄段	"八纵八横"高速铁路网的重要连接点菏泽接入华夏高铁网。

资料来源:作者依据中国铁路总公司网站①、国家铁路局的新闻报道或公告②、中国铁路总公司 12306 网站③和"去哪儿"网站④整理。

二、样本行为选择的高铁驱动特征

高铁网络日趋完善,农村劳动力的行为选择轨迹也日渐清晰。依据实地走访调查数据,山东省农民务工和务农行为选择主要表现出下列特征。

第一,伴随高铁网络的完善,农村劳动力务工人数显著增加,且由青壮年外出务工转变为夫妻共同外出务工的人数增加,子女随农民工进城入学的整体家庭迁移现象也逐步增多。高铁发展和农村交通的接驳,不仅开拓了农民的视野也便利了农村劳动力的流动。调研过程中发现,绝大多数农民对高铁持利好态度,外出务工人数逐年增加。表 3.13 数据表明,2008 年至 2019 年,调研个体的务工人数平均增长 9 倍。受 2011 年京沪高铁和 2016 年胶济客运专线的影响,农村劳动力务工总人数在 2012 年和 2017 年出现大幅上升,2018 年济青高铁开通后,务工人数在 2019 年达到最高值,这与高铁效应的滞后性密切相关。青壮年农村劳动力为务工主力军,务工数量与务工总人数的变化趋势相同,2012 年和 2017 年迅猛增长,至 2021 年时占务工总人数的 88.52%。伴随高铁带来就近务工

---

① 参见 http://www.china-railway.com.cn/。

② 参见 http://www.nra.gov.cn/。

③ 参见 https://www.12306.cn/index/。

④ 参见 https://www.qunar.com/。

机会的增加,夫妻共同务工人数逐年增加,至 2021 年已达到 156 人,占务工总人数的 31.97%。高铁促进了人员流动的同时,也增加了子女随父母入学的教育机会,自 2013 年起被调查家庭中子女务工地入学的务工人员不断增加。得益于山东省内高铁环线的开通,省内务工机会被高铁串联,2021 年子女务工地入学的务工人数涨幅最大,比 2018 年增长了近 3 倍,在提高农村劳动力后代受教育质量的同时,有效减少了留守儿童数量。

表 3.13　调查样本务工人数

年份	2008	2009	2010	2011	2012	2013	2014	2015	2016	2017	2018	2019	2020	2021
务工总人数	48	67	88	123	187	213	251	289	322	378	408	433	458	488
青壮年务工人数	48	63	87	103	158	162	223	245	269	323	345	376	389	432
夫妻共同务工人数	12	18	22	34	46	50	78	88	98	104	109	113	123	156
子女务工地入学的务工人数	0	0	0	0	0	13	18	20	35	47	54	106	112	143

注:资料来源于作者调查数据。

第二,农民工流动方向呈现出依据高铁走向,由非高铁设站地区向高铁设站地区流动,流入地聚集于高铁设站城市的特征。山东省内吸引流动人口的城市第一梯队主要有济南、青岛、烟台、潍坊。农村劳动力流入最多的城市是济南市,泰安、聊城、德州、济宁、淄博、菏泽、潍坊等地的农民流动,将把济南作为首要务工城市,济南务工农民工中泰安的占比最大。青岛也是农民工流动较多的城市之一,日照农民流出的主要方向为青岛,威海农民的主要务工城市为烟台,其次是青岛。济南农民的省内流动主要表现为在周边城市如泰安和潍坊。青岛作为设站城市流出农民工数量较少,主要选择潍坊和烟台。鲁西南是山东省"农民工供应腹地"。截至 2021 年 1 月,山东省没有开通高铁的东营、聊城和菏泽三个地区是农民主要流出地。

表 3.14　调查样本个体主要流入地和流出地

	主要流入地	主要流出地
第一梯队	济南、青岛、烟台、潍坊	东营、聊城、菏泽
第二梯队	泰安、淄博、临沂	济宁、德州、潍坊、日照

注:资料来源于作者调查数据。

第三,高铁设站城市的周围农村居民呈现出就近务工特征(即在同一地级市内务工),农村劳动力向高铁城市的流动和农村劳动力的返乡就业并存。调查数据显示,2008 年高铁开通之初,就近务工农村劳动力占农村劳动力总务工人数的比例仅为 6.25%,12 年间这一比例已实现大幅提升,2021 年已提升为 39.43%,增长了 6.3 倍。其一,在较早开通高铁的济南市和青岛市为代表的周围农村,就近务工特征尤为显著。高铁开通,不仅带来了交通便利,更缩短了城市间的时间距离,商业实地考察和交流更便捷,一大批企业的新厂址选择在了高铁站设站城市的交通便利之处,带动了当地农村就业。当地农民不必背井离乡便能找到增加收入的务工机会,增加了农民由务农向务工转变的便利性,更节省了去较远城市务工的房租等生活成本。其二,得益于沿海高铁的开通,基于沿海地区经济发展较好的基础条件,沿海城市下辖农村以选择本市内务工为主。这类市内务工农民较多的城市以青岛和烟台为代表。青岛和烟台是山东省内高铁开通较早的城市。高铁带来了新的就业机会,农民务工人数在高铁开通后大量增加。第三,伴随农村交通基础设施不断完善,农村与高铁城市的通达性提高,提高了高铁城市对农村产业的带动作用,伴随产业链向农村的延伸,农村就业岗位增加。因此也引起了农民工返乡创业热潮,促使高铁驱动农村劳动力流动具有双向流动特征,呈现出农村劳动力向高铁城市的流动和农村劳动力的返乡就业的双向流动。

表 3.15　调查样本就近务工状况

年份	2008	2009	2010	2011	2012	2013	2014	2015	2016	2018	2019	2020	2021
务工总人数	48	67	88	123	187	213	251	289	322	408	433	458	488
就近务工人数	3	8	10	16	24	35	56	77	93	135	158	176	192
就近务工占比(%)	6.25	11.94	11.36	13.01	12.83	16.43	22.31	26.64	28.88	33.08	36.49	38.42	39.34

注:资料来源于作者调查数据。

第四,山东省农民工外出务工的交通方式已经悄然发生变化。调研结果显示,近年来,实际乘坐高铁农民工人数显著增加,尤其是在新生代农民工中比例较高,2021 年达到 85.12%。农民工高铁乘坐意愿和需求已显著增加,这也充分调动了务工选择的积极性和便利性。高铁通车前农民工外出通常选择省内直达汽车,高铁开通后,山东省内高铁二等票价格和直达汽车价格相当,票价差异较小促使调查样本中绝大多数农民工选择高铁为其出行方式。

表 3.16　调查样本高铁乘坐意愿

年份	2008	2009	2010	2011	2012	2013	2014	2015	2016	2017	2018	2019	2020	2021
高铁乘坐意愿比重(%)	0.03	0.51	0.81	1.12	3.22	4.47	6.38	11.17	18.48	23.25	24.83	26.91	28.21	30.02
新生代农民工高铁乘坐意愿比重(%)	1.31	3.40	3.98	5.58	14.25	18.64	23.32	45.34	66.54	72.98	78.34	80.35	84.23	85.12

注:资料来源于作者调查数据。

三、农村劳动力务工与务农行为选择影响因素分析

本研究记述的山东省 2019 年底已开通运营 7 小时环绕省内一圈的高铁环线。山东农民多以省内务工为主,符合高铁中短距离竞争优势的空间辐射范围,样本选择区域符合研究需要。本书将以山东省 16 个地级市(其中两个副省级市)的农村为实例,利用实地问卷调查、数据统计、计

量分析等方法,分析高铁开通对农民务工或务农行为选择的影响,并探究其作用机理,为政府进行高铁规划建设和带动农民增收提供实证证据。采用山东省农村劳动力微观调查数据,分析影响农村劳动力务工与务农行为选择的因素,重点关注高铁的作用。

(一)高铁因素

第一,高铁开通显著增加了农村劳动力的务工概率。高铁开通促进沿线城市经济发展,提供了更多就业机会,对低技能劳动力的需求增加,拓宽了农村劳动力的务工渠道;高铁增加交通便利的同时,也增强了城市对农村的经济辐射能力,促进乡镇企业发展,为农村劳动力就近转农为工提供了就业岗位,降低了农民务工机会寻找成本。

第二,高铁开通班次越多,农村劳动力的务工概率越高。高铁开通车次越多,该城市的高铁交通便利程度越高,城市在高铁效应下人力、物力及信息等要素的流通效率就越高,加快了城乡一体化建设,农村劳动力能更快融入到进城务工大军中,农村劳动力务工概率越高。

第三,农村劳动力对高铁效应的态度显著作用于其行为选择,高铁的利好效应显著提高了其务工选择概率。农村劳动力越认为高铁是利好消息,其务工的积极性越高,务工概率越高。高铁作为一种快速高效交通基础设施,对农村劳动力的行为选择发挥重要引导作用。

(二)农村劳动力个体特征因素

个体特征中对农村劳动力务工行为表现出积极影响的变量包括受教育程度、性别、婚姻状况、年龄、健康因素。第一,农村劳动力的务工选择受其受教育程度的限制,受教育水平越高,掌握技能水平的能力越高,越有利于获得务工机会。这一现象在实地调研走访时非常突出,接受更高教育成为农村家庭后代脱离"面朝黄土背朝天"生活的唯一路径。第二,男性是务工队伍中的主力军,男性农村劳动力的务工选择概率大于女性,这主要是受体力因素和中国农村"男主外、女主内"传统分工的影响。男性承担了家庭收入的重担,女性负责农业生产。第三,已婚农村劳动力的务工倾向更显著,已婚农村劳动力的家庭责任和负担相对未婚者更重,促使其为提高家庭收入选择务工。第四,年龄和健康状况是制约务工行为选择的重要因素,年龄和健康状况变量显示,具有年龄和健康优势的农村劳动力务工概率更高。这是由于农村劳动力从事的务工工种通常为体力劳动型,年轻并拥有健康的身体的劳动力在务工选择时更具优势。实地调研中,农村劳动力普遍认为,年龄优势和健康身体是获取务工收入的根本保障。

(三)农村家庭特征因素

由家庭特征变量分析结果表明,家庭的健康费用、家庭支出最多事务、成员的最高受教育程度对务工选择发挥积极作用,而家庭所处的经济地位发挥抑制作用。

家庭的健康支出和最大事务支出大大增加了家庭支出负担,农村劳动力在高压下往往会选择收入更高的务工。当前中国农村医疗保障制度仍需完善,健康支出是农村家庭的一大负担,巨大的健康支出成为务工选择的驱动力。家庭支出最多事务显著增加了务工选择概率,为满足家庭事务支出,尤其是医疗和子女教育方面的支出,农村劳动力往往会选择务工。调研中发现,年轻农村劳动力务工的主要原因为改善家庭生活水平,尤其是提高下一代的受教育水平。

家庭成员的最高受教育程度越高,对家庭其他成员务工的带动作用越显著,由于受教育程度高的成员对务工技能水平、务工收入、务工机会等方面已经发挥了先导作用,有利于带动其家庭成员选择务工。由于有受教育程度高的家庭成员的引导,其掌握的务工信息要优于其他家庭,因此一人带动全家务工的现象在农村较为常见。

家庭经济地位越高的农村劳动力选择务工的概率越低。这部分人没有较大经济压力,其收入和经济地位已保障其在当地获得理想收入,并有能力从事其他经营业务和农业生产,在无高度生活压力迫使下,务工愿望并不强烈。

(四)农业政策和务工务农收入差距

农业补贴变量显著抑制农村劳动力务工行为选择。农业补贴逐步提高,激发了农村劳动力从事农业生产的积极性,农业生产带来的收入越能满足其生活需求,农村劳动力越倾向于选择已熟悉的务农,务工意愿就越低。政府应进一步加大农业补贴力度,转变补贴方式,变间接补贴为直接补贴,变生产补贴为收入补贴,促使农资价格和农产品价格日趋市场化,改变农产品价格饱受抑制的窘境,进一步对农业发展实行有条件的鼓励与支持。调查数据显示,样本家庭的务农概率基本保持平稳,伴随高铁带来的就近务工机会增加,部分农村劳动力由纯务工转变为务工兼顾务农的劳动状态。

务工和务农收入差距变量越大,农村劳动力选择务工的概率就越大。这表明收入最大化是农村劳动力行为选择的目标,也验证了托达罗关于务工与务农预期收入差距是影响农村劳动力行为选择的重要因素的观点。

四、高铁对农村劳动力务工与务农行为选择影响的计量模型

(一)计量模型设定

1. Heckman 两阶段选择模型的设定

本书的目标是研究高铁对农民行为选择的影响。根据家庭内部分工理论,农民家庭会依据每个成员个体的比较优势选择务工或务农,在家庭内部成员之间做出最优分配。因此选择结果并不是所有农民都会务工,如果在样本考察范围内只对选择务工的农民进行分析,将导致估计结果偏误。农民选择务工还是务农受个体特征、家庭因素、收入、高铁和农业补贴政策等因素的影响,并不是随机事件。所以在进行样本选择时,不应只包含务工农村劳动力,而是形成包含务工和务农农村劳动力组成的随机样本,这样才能避免样本数据的非随机性导致的估计结果偏误问题。

为有效解决样本选择的偏差问题,借鉴赫尔曼(Heckman,1979)的两

阶段选择模型构建计量模型。将农民务工或务农行为选择分为两个阶段。首先以二分变量为因变量考察农民是否会选择务工，接下来分析农民行为选择对收入产生的影响。计量模型构建步骤如下：

托达罗（Todaro，1969）认为预期收入是判定劳动力是否转移的重要条件。依据这一观点，当农民预期务工收入大于务农收入时，便会选择务工。因此以托达罗的发展中国家劳动力流动模式为理论依据设定计量模型如下：

$$d_i = 1 \text{ if } d_i^* > 0$$
$$d_i = 0 \text{ if } d_i^* \leqslant 0$$

其中

$$d_i^* = \alpha_1 w_i + \alpha_2 z_i$$
$$p_r(d_i = 1) = \varphi(\alpha_1 w_i + \alpha_2 z_i) \tag{3.14}$$

式（3.14）为 Heckman 两阶段模型第一阶段 Probit 行为选择模型。$p_r(d_i = 1)$ 表示农民 i 选择务工的概率。$\varphi(.)$ 是标准正态分布概率密度函数，其中 w_i 代表高铁、农业政策、农业收入；z_i 代表农村劳动力的个体特征和家庭特征，α_1 和 α_2 代表回归系数。

Heckman 两阶段模型第二阶段的方程是线性模型，具体为：

$$E_i = b_1 w_i + b_2 z_i + b_3 \lambda_i + \varepsilon_i \tag{3.15}$$

E_i 为农民务工收入在总收入中的比重，b_1、b_2 及 b_3 为回归系数。为解决样本的选择性偏误问题，第二阶段方程中加入了 λ_i（inverse Mill's ratio）项。估计过程中，先由第一阶段方程估计得到 λ_i，再将 λ_i 加入式（3.15）中。需要注意的是，在 Heckman 两阶段模型中，要至少包括一个影响行为选择概率方程而不显著影响收入线性方程的自变量，以有效避免估计的逆米尔斯比率 λ_i 与收入线性方程中的元素高度相关产生多重共线性问题。

需注意的是，模型中的农业收入和务工选择两变量可能相互影响。如农业收入下降会促使农民寻找其他收入来源，务工就成为了首要选择；

而如果农民选择务工,则无法兼顾农业生产,造成农业收入下降。两变量间的这种双向影响关系导致模型产生内生性问题。需采用与农业收入密切相关但又独立于农村劳动力行为选择的外生工具变量来解决。选取工具变量如下:

(1)村庄到集中务工城市的距离(dis)。村庄到务工城市的距离与其农业收入密切相关。距离城市越近的农村,由于农产品运输距离短,成本低,其农产品越容易输出至城市,有利于增加农业收入。由于农村至城市之间的距离是客观外生决定的,符合工具变量的条件。

(2)样本家庭所在区(县)的公路密度(den)。公路里程反映了样本家庭所在地区的交通便利程度。发达的公路基础设施为农资和农产品运输创造了便利条件,有利于农民增产增收。公路密度并不是农民务工行为选择的重要条件,因此符合工具变量条件。

2.内生转换模型的设定

本研究重点关注农民以预期收益最大化为目标情况下,高铁开通对其行为选择的影响。农村劳动力的这种行为自选择问题无法用具体变量表示,因此在 Heckman 两阶段选择模型估计后,本书继续采用行为选择方程和含有自选择变量的收入方程组成的内生转换模型做进一步检验。依据托达罗的二元经济理论,借鉴玛达拉和奈尔森(Maddala 和 Nelson,1975)、范晓菲等(2013)估计方法构建内生转换模型如下,假设一个劳动力在选择务工之前的 k 期净收益贴现值为:

$$V(0) = \sum_{0}^{k} \left[p(t) Y_u(t) - Y_r(t) \right] (1 + r)^k - C(0) \qquad (3.16)$$

其中,$Y_u(t)$ 和 $Y_r(t)$ 分别代表 t 期务工和务农能获取的实际收入,r 为贴现率,$C(0)$ 为转移成本,$p(t)$ 为选择务工人员在 t 期之前找到工作的累加概率,$p(t)$ 与城市就业率 $v(t)$ 的关系是:

$$p(t) = v(1) + \sum_{i=1}^{t} v(t) \prod_{j=1}^{i-1} \left[1 - v(j) \right] \qquad (3.17)$$

在农村劳动力务工和务农所获得的实际收入不变的情况下,其为寻找务工机会所花费的时间越多,则其获得工作的概率和预期收入也会越多。上式中如果 $v(0) > 0$,则代表理性农村劳动力会作出务工选择。

将考虑预期收入差距的行为选择 Probit 模型设定为:

$$I_i^* = \alpha_0 + \alpha_1 \left[\ln Y_{ui} - \ln Y_{ri} \right] + \alpha_2 H_i + \alpha_3 X_i + \alpha_4 F_i + \alpha_5 Z_i - \varepsilon_i$$

$$(3.18)$$

I 为因变量,若为 0 表示务农,为 1 表示务工。H_i 为高铁变量,X_i 和 F_i 分别表示农村劳动力的个体特征和家庭特征变量,Z_i 代表农业政策,ε_i 是服从正态分布的随机误差项。$\ln Y_{ui} - \ln Y_{ri}$ 代表样本选择务工或务农时预期收入的差距。计算务农组若选择务工时收入差距,需先计算得出样本个体选择务工时的实际收入方程系数,将该系数带入到务农组中,计算出选择务农时的预期收入。反之,这一方法也可计算出务工组若从事农业生产时的收入差距。

用修正的 Mincer 工资方程设定务工或务农收入方程,设定为包含个体特征和自选择结构变量的线性函数,形式分别为:

$$\ln Y_{ui} = \theta_{uo} + \theta'_{u1} X_i + \sigma_{u\varepsilon} + \eta_{ui} \qquad (3.19)$$

$$\ln Y_{ri} = \theta_{ro} + \theta'_{r1} X_i + \sigma_{r\varepsilon} + \eta_{ri} \qquad (3.20)$$

其中,农村劳动力务工或务农的自选择用结构变量 u 表示。

(二)数据与指标说明

课题组在 2008 年至 2021 年对山东省各地级市的农村劳动力样本进行了跟踪问卷调查[①],内容覆盖了农村劳动力对高铁的经济预期、个体特征、家庭特征、外出打工状况、生活状况、农业补贴状况等方面,根据研究需要去除异常值及重复样本后,共选取了 197 户 692 个样本个体 2008 年至 2021 年连续 14 年的跟踪调查数据,其中外出务工个体为 488 个,务农个体为 204 个。根据列车时刻表,将高铁定义为 D(动车)、C(城际列车)及 G(高铁)开头的列车。作者依据资料整理获得各年度不同地级市高

---

① 2008 年至 2018 年山东省下辖济南、青岛、淄博等 17 个地级市,2018 年 12 月,撤销地级莱芜市,将其所辖区域划归济南市管辖,设立济南市莱芜区和钢城区。

铁开通状况和各地级市样本期间不同年度的开通高铁的车次数,资料主要来源于中国铁路总公司网站①,国家铁路局的新闻报告和公告②,中国铁路总公司 12306 网站③和"去哪儿"网站④。相关变量说明及变量的基本统计描述分别如表 3.17 和表 3.18 所示。

表 3.17　相关主要变量说明

变量名称		变量说明
高铁	高铁开通情况(High1)	所在市当年开通高铁则赋值为 1,否则为 0⑤
	高铁车次(High2)	各年度该城市开通高铁的车次数除以 100
	高铁经济预期(Attitu)	利好=1,是否开通都一样=2,不能带来明显经济效应=3
个体特征	受教育年限(Edu)	小学以下、小学、初中、高中或中专、大专、本科及以上分别赋值为 0、6、9、12、15、16
	性别(Gen)	男性为 1,女性为 0
	婚姻状况(Mar)	未婚为 1,已婚为 0
	年龄(Age)	实际年龄
	健康状况(H-con)	将身体状况很差、比较差、一般、健康、很健康分别赋值为 1、2、3、4、5
家庭特征	健康费用(H-exp)	家庭为健康支出的费用
	家庭经济地位(E-sta)	高、中、低分别赋值为 1、2、3
	家庭支出最多事务(L-exp)	日常生活、医疗、子女教育及其他分别赋值为 1、2、3
	家庭最高受教育程度(H-edu)	家庭成员中的最高受教育年数
农业政策	农业补贴(A-sub)	家庭从事种粮获得的补贴额
农业收入	农业收入(A-inc)	家庭从事农业生产的收入
收入差距	务工与务农收入差距(I-gap)	工资性收入减去农业收入

---

① http://www.china-railway.com.cn/。

② http://www.nra.gov.cn/。

③ https://www.12306.cn/index/。

④ https://www.qunar.com/。

⑤ 本书对地级市是否开通高铁主要依据地级市是否具有高铁站进行确定,但是某地级市下的县(区、市)设有高铁站,均算作该地级市开通高铁。地级市首先开通高铁的时间主要依据该地级市最早的通车年份进行确定。若高铁在下半年开通,由于对本年度的影响较小,则高铁的开通时间做滞后一期处理。

表 3.18　变量的基本统计特征

变量	务工		务农	
	均值	方差	均值	方差
High1	0.647	0.425	0.646	0.411
High2	1.077	1.531	1.077	1.101
Attitu	1.178	1.002	2.987	1.003
Edu	12.374	0.422	8.901	0.351
Gen	0.648	0.474	0.669	0.462
Mar	0.587	0.453	0.177	0.511
Age	29.515	7.803	49.112	10.003
H-con	3.998	0.935	3.073	0.927
H-exp	284.242	71.876	932.886	78.968
E-sta	1.327	0.864	2.791	0.824
L-exp	2.656	1.112	1.457	1.224
H-edu	12.789	5.118	6.354	6.423
A-sub	24.128	6.877	72.383	6.412
A-inc	2534	4.553	5679	5.002
I-gap	10534.675	111.001	867.567	98.523

五、高铁对农村劳动力务农与务工行为选择影响的实证分析

(一) Heckman 两阶段模型回归结果

为保障 Heckman 两阶段模型检验结果的有效性,需先对模型进行多重共线性检验。经检验得出各自变量的相关系数都低于临界值,且 vif 值均低于 10,由此可判定模型无严重多重共线性问题。

Heckman 两阶段选择模型第一阶段估计务工或务农行为选择模型,考察农村劳动力是否会作出务工选择。第二阶段线性回归模型中,估计各行为选择因素的影响程度,重点分析高铁的作用。由在 1% 显著性水

平下显著的 LR 值可判定模型存在样本自选择问题,证明本书采用的 Heckman 两阶段选择模型检验结果有效。

表 3.19　Heckman 两阶段模型估计结果

变量	模型①（model1）		模型②（model2）		模型③（model3）	
	选择方程	回归方程	选择方程	回归方程	选择方程	回归方程
High1	0.131*** (0.022)	0.146*** (0.022)	0.120*** (0.014)	0.165*** (0.016)	0.121*** (0.014)	0.156*** (0.021)
High2			0.257*** (0.114)	0.333*** (0.121)	0.301*** (0.112)	0.382*** (0.113)
Attitu					−0.089*** (0.001)	
Edu	0.028*** (0.003)	0.039*** (0.009)	0.027*** (0.002)	0.037*** (0.002)	0.028*** (0.002)	0.039*** (0.003)
Gen	0.106*** (0.111)	0.132*** (0.111)	0.135*** (0.100)	0.159*** (0.101)	0.128*** (0.101)	0.145*** (0.110)
Mar	−0.134** (0.021)	−0.159*** (0.021)	−0.122*** (0.016)	−0.169** (0.016)	−0.125*** (0.013)	−0.159*** (0.021)
Age	−0.074*** (0.000)	−0.168*** (0.001)	−0.057*** (0.001)	−0.096*** (0.000)	−0.148** (0.001)	−0.192*** (0.001)
Age2	0.002** (0.001)	0.003*** (0.002)	0.001** (0.001)	0.002*** (0.001)	0.003** (0.001)	0.003*** (0.001)
H-con	−0.199*** (−0.021)	−0.197*** (−0.021)	−0.168*** (−0.011)	−0.189*** (−0.017)	−0.199*** (−0.020)	−0.189*** (−0.021)
H-exp	0.744*** (0.112)	0.832*** (0.113)	0.734*** (0.110)	0.821*** (0.112)	0.810*** (0.114)	0.837*** (0.112)
E-sta	−0.092** (−0.002)	−0.096*** (−0.003)	−0.098** (−0.002)	−0.094** (−0.002)	−0.056** (−0.001)	−0.087** (−0.002)
L-exp	0.245*** (0.113)	0.386*** (0.114)	0.259*** (0.114)	0.334*** (0.123)	0.313*** (0.114)	0.384*** (0.115)
H-edu	1.878*** (0.633)	1.899*** (0.621)	1.889*** (0.621)	1.844** (0.542)	1.896*** (0.612)	1.746*** (0.612)
A-inc	−0.079*** (0.002)	−0.089*** (0.002)	−0.094*** (0.002)	−0.097*** (0.001)	−0.096*** (0.002)	−0.099*** (0.002)
A-sub	−0.089*** (0.043)		−0.087*** (0.044)		−0.083*** (0.034)	

变量	模型①（model1）		模型②（model2）		模型③（model3）	
	选择方程	回归方程	选择方程	回归方程	选择方程	回归方程
Dis	1.215*** (0.011)		3.392*** (0.011)		3.215*** (0.009)	
Den	1.077*** (0.012)		2.079*** (0.011)		2.017*** (0.045)	
λ		2.012*** (0.016)		4.035*** (0.041)		4.051*** (0.027)
LR		15.32		18.37		20.41
Ch2		(0.000)		(0.000)		(0.000)
observations	692	692	692	692	692	692

注:括号内为估计系数的标准差。*、**、***分别代表10%、5%、1%的显著性水平。

表3.19报告了选择模型和回归模型的估计结果。模型①、模型②、模型③的区别在于加入的高铁相关变量不同,由模型①至模型③依次将高铁相关变量以逐步增加一个变量的形式加入,以检验高铁变量对农村劳动力行为选择的不同影响。模型的LR值在1%的显著性水平下拒绝"行为选择方程和收入获取方程相互独立"的原假设,因此估计过程中需将行为选择和收入获取方程同时估计。

由模型①、②、③的结果可知,在选择方程和回归方程中,高铁开通变量的系数为正,且都在1%的显著性水平下显著,表明高铁开通是影响农村劳动力务工选择的重要促进因素。由模型②中增加的高铁车次估计结果可知,高铁开通车次越多,该城市的高铁交通便利程度越高,农村劳动力务工概率越高。这是因为高铁车次数增加促使高铁开通城市对低技能劳动力的需求增多,进而影响了农民行为选择。在模型③中继续加入代表农村劳动力对高铁开通态度的虚拟变量,结果表明,农村劳动力对高铁效应的态度显著作用于其行为选择,高铁的利好效应显著提高了其务工选择概率。高铁相关变量的检验结果证明,高铁作为一种快速高效交通基础设施,对农村劳动力的行为选择发挥重要引导作用。检验结果也为国家高铁线路规划和发展,提供了有力实证支持。

高铁提高了农村劳动力务工概率的原因主要有以下方面。第一,高铁开通促使城市产业承接,创造了更多适合低技能农村劳动力的就业机会,降低了务工机会寻找成本。第二,高铁增加交通便利的同时,也增强了城市对农村的经济辐射能力,促进乡镇企业发展,为农村劳动力就近转农为工提供了就业岗位。第三,高铁建设加快了城乡一体化建设,农村劳动力能更快融入到进城务工大军中。

根据模型①、②、③的检验结果,个体特征中对农村劳动力务工行为表现出积极影响的变量包括受教育程度、性别、婚姻状况。农村劳动力的务工选择受其受教育程度的限制,受教育水平越高,掌握的技能水平的能力越高,越有利于获得务工机会。男性是务工队伍中的主力军,男性农村劳动力的务工选择概率大于女性,这主要是受体力因素和中国农村"男主外、女主内"传统分工的影响。已婚农村劳动力的务工倾向更显著,已婚农村劳动力的家庭责任和负担相对未婚者更重,促使其为提高家庭收入选择务工。年龄和健康状况是制约务工行为选择的重要因素,这是由于农村劳动力从事的务工工种通常为体力劳动型,年轻并拥有健康身体的劳动力在务工选择时更具优势。

值得引起注意的是,年龄变量拐点出现在18.5—32岁之间,这段时间是农民务工的黄金年龄段,这也是学习能力较强和家庭负担较重的时期。这个年龄段的农村劳动力凭借年龄和体力优势,获取体力劳动为主的务工机会,并通过延长加班时间,来获得更高劳动报酬。伴随年龄增长,其体力和掌握劳动技能的能力不再具有优势,因此越来越多失去年龄优势的农村劳动力逐渐退出务工队伍。实地调查走访中,发现农村劳动力把务工选择作为一种"青春饭",要趁年轻和体力好时赚取保障家庭生活的收入,对年老时不能继续获得务工收入的生活表示担忧。

由家庭特征变量估计结果得出,家庭的健康费用、家庭支出最多事务、成员的最高受教育程度对务工选择发挥积极作用,而家庭所处的经济地位发挥抑制作用。这是因为家庭的健康支出和最大事务支出大大增加了家庭支出负担,农村劳动力在高压下往往会选择收入更高的务工。家庭成员的最高受教育程度越高,对家庭其他成员务工的带动作用越显著,由于受教育程度高的成员对务工技能水平、务工收入、务工机会等方面已经发挥了先导作用,有利于带动其家庭成员选择务工。家庭经济地位越高的农村劳动力,由于自身经济条件已满足其进行务工外的经营活动,在无高度生活压力迫使下,选择务工的意愿并不强烈。

农业收入和农业补贴变量都显著抑制农村劳动力务工行为选择。伴随农业收入和补贴逐步提高,农业生产带来的收入越能满足其生活需求,农村劳动力越倾向于选择已熟悉的务农,务工意愿就越低。

(二)内生转换模型估计结果

农村劳动力的行为选择 Probit 方程、务工与务农收入方程共同构成了内生转换估计模型。在估计过程中,由于收入获取模型中含有农村劳动力自选择变量,因此需先估计收入获取方程,在估计得出务工与务农预期收入差距后,再估计行为选择 Probit 方程。

1. 务工与务农的收入获取模型估计结果

表 3.20   务工与务农收入方程估计结果

变量	务工收入方程	务农收入方程
Edu	0.045 *** (7.004)	0.047 *** (7.002)
Gen	0.413 *** (5.202)	0.397 *** (5.102)
Mar	−0.087 *** (−0.002)	0.044 *** (0.002)
Age	0.078 *** (0.111)	0.042 *** (0.006)
Age2	−0.001 ** (0.010)	−0.001 ** (0.002)
H-con	0.065 *** (0.113)	0.162 *** (0.103)

变量	务工收入方程	务农收入方程
u	-0.045^{***} (-0.312)	0.032^{***} (0.225)
constant	5.766^{***} (8.002)	6.755^{***} (7.911)
observations	488	204
F	66.245	117.722
R-squared	0.227	0.238

注:括号内为估计系数的标准差。$*$、$**$、$***$分别代表10%、5%、1%的显著性水平。

表3.20显示了务工与务农收入获取模型的估计结果。个体特征方面,农村劳动力的受教育水平变量在务工和务农组中系数均显著为正,在务工组的系数更大。这表明在务工组中,受教育程度越高的农村劳动力,务工过程中越能更好掌握劳动技能,在获取工资性收入方面更具竞争优势。在务农组中,受教育水平的提高有利于农民掌握现代化农业生产技术,提高农业生产效率,增加务农收入。但须注意的是,受教育程度越高的农村劳动力,由于其掌握技能水平的提高,其越有能力获得更高收入的务工机会。性别变量表明,男性在务工组和务农组都有显著收入优势,但性别收入优势在务工组中更显著。这是由于农村劳动力务工的岗位大多以体力劳动为主,男性在体力方面更具优势。

农村劳动力的婚姻状况在务工和务农组中对收入的影响截然不同。在务工组中,婚姻状况变量显著为负,表明未婚状态在务工中不利于农村劳动力收入增长,这由于处于这一阶段的农村劳动力与已婚农村劳动力相比,缺乏务工经验,家庭压力也较小,加班意愿不强烈,因此务工收入不具有增长优势。相对而言,已婚农村劳动力在务农收入中并不具有优势,由于这部分劳动力已经成为家庭收入来源的主力军,选择更高收入的务工是更优选择,其通常是兼顾务农生产,因此这部分人在务农收入中不具有竞争优势。

　　年龄和收入变量在务工和务农两组人员中都呈现为显著倒"U"型关系。务工组年龄拐点出现在39岁，表明当农村劳动力的年龄超过39岁时，由于其从事的大多是体力劳动为主的务工劳动，伴随体力下降，务工收入会随着年龄增长而减少。在务农组中，年龄拐点出现在21岁，表明当年龄高于21岁时，伴随其婚姻需求、家庭责任的上升，年轻农村劳动力从事农业劳动不能获取理想收入，倾向于选择务工。调查数据表明，农村劳动力中新生代农民工的数量越来越多，表明丧失更高受教育机会的年轻农村劳动力大都会选择务工。

　　务工和务农都对体力有较高的要求，因此农村劳动力的身体健康程度非常重要。健康的身体有利于其务工和务农收入增加，这种促进作用在务农组中更显著。这是由于在传统农业生产技术下，农业生产的劳动强度往往比务工更大。

　　综上估计结果，相对于性别、婚姻状况、年龄变量，受教育程度变量对收入的影响较小。这充分表明农村劳动力大都从事低技能劳动，受教育水平的作用有待加强，而直接影响体力和劳动时间因素的收入效应更大。

　　结构变量可测度农村劳动力的自选择对劳动力要素配置的影响。检验结果表明，务工和务农组中结构变量系数均在1%的显著性水平下显著，但效应相反，务工组中为负效应，而务农组中为正效应。检验结果验证了调查样本的自选择现象。山东人最恋家的特征表现为务工选择空间范围基本为本省范围内，只有当其技能水平高于务工人员的平均技能水平时会选择务工，同理，其务农的技能水平也要高于务农组的平均水平。农村劳动力的自选择，一方面满足城市对低技能劳动力需求的同时，加剧了务工竞争程度；另一方面，农业生产的劳动力配置出现失衡。因此，农村劳动力在进行选择时，要从自身利益和家庭收入最大化出发，理性选择务工还是务农。

2. 行为选择的 Probit 模型估计结果

表 3.21　行为选择的 Probit 模型估计结果

变量	系数	边际效应
High1	0.131*** (0.021)	0.148*** (0.020)
High2	0.134*** (0.020)	0.152*** (0.021)
Attitu	−0.008*** (0.001)	−0.007*** (0.000)
Edu	0.287*** (0.015)	0.038*** (0.002)
Gen	0.614*** (0.046)	0.116*** (0.131)
Mar	−1.227*** (0.021)	−0.147*** (0.032)
Age	−0.078*** (0.101)	−0.042*** (0.000)
Age2	0.001*** (0.002)	0.000*** (0.002)
H-con	−0.862*** (−0.121)	−0.197*** (−0.020)
H-exp	0.774*** (0.115)	0.068*** (0.110)
E-sta	−0.093** (−0.001)	−0.003** (−0.001)
L-exp	0.264*** (0.116)	0.088*** (0.079)
H-edu	1.887*** (0.643)	0.669*** (0.077)
A-sub	−0.087*** (0.051)	−0.001*** (0.031)
I-gap	6.533*** (0.944)	1.552*** (0.745)
constant	−5.043*** (−8.211)	0.432*** (5.960)
observations	692	692
Log likelihood	−122.468	
LR chi2(12)	55.094	
Pseudo	0.459	

Probit 模型作为非线性模型,其系数并不能代表边际效应,需进一步计算出其边际效应。具体检验结果和边际效应见表3.23。

关注高铁变量。第一,高铁开通显著增加了农村劳动力的务工概率,高铁开通促进沿线城市经济发展,提供了更多就业机会,对低技能劳动力的需求增加。第二,高铁开通班次越多,城市在高铁效应下人力、物力及信息等要素的流通效率就越高,带动了农村劳动力要素流动。第三,被调查样本对高铁开通的态度变量的边际效应为负,表明农村劳动力越认为高铁是利好消息,其务工的积极性越高,务工概率越高。

个体特征变量方面。一方面,受教育程度显著影响了其务工概率。受教育程度决定了其掌握的职业技能水平,受教育程度越高,越有助于脱离农业生产。这一现象在实地调研走访时非常突出,接受更高教育成为农村家庭后代脱离"面朝黄土背朝天"生活的唯一路径。性别变量的边际效应表明,男性农村劳动力选择务工的概率显著大于女性,这是由于受农村"男主外、女主内"传统思想的影响,男性承担了家庭收入的重担,女性负责农业生产。另一方面,务工机会中多需要体力较高的男性,对女性劳动力形成了一定的性别歧视。婚姻状况结果显示,已婚者需承担家庭生活压力,其选择务工劳动的概率更高。年龄和健康状况变量显示,具有年龄和健康优势的农村劳动力务工概率更高。实地调研中,也证实了这一结论,农村劳动力普遍认为,年龄优势和健康身体是获取务工收入的根本保障。

家庭特征变量方面。家庭经济地位越高的农村劳动力选择务工的概率越低。这部分人没有较大经济压力,其收入和经济地位已保证其在当地获得理想收入,并有能力从事其他经营业务和农业生产,因此务工愿望并不强烈。健康费用支出越高的家庭,其家庭成员越倾向于务工。当前中国农村医疗保障制度仍需完善,健康支出是农村家庭的一大负担,巨大的健康支出成为务工选择的驱动力。家庭支出最多事务显著增加了务工选择概率,为满足家庭事务支出,尤其是医疗和子女教育方面的支出,农村劳动力往往会选择务工。调研中发现,年轻农村劳动力务工的主要原因为改善家庭生活水平,尤其是提高下一代的受教育水平。家庭成员中的最高受教育程度越高,其家庭成员选择务工的概率越高,由于有受教育程度高的家庭成员的引导,其掌握的务工信息要优于其他家庭,因此一人带动全家务工的现象在农村较为常见。

农业补贴激发了农村劳动力从事农业生产的积极性,农业补贴政策对务工的概率为显著负向作用。务工和务农收入差距变量的边际效应系数高达 1.552,表明收入差距越大,农村劳动力选择务工的概率就越大。这一检验结果表明收入最大化是农村劳动力行为选择的目标,也验证了托达罗关于务工与务农预期收入差距是影响农村劳动力行为选择重要因素的观点。

六、研究结论

本部分通过构建农村劳动力的行为选择方程和收入获取方程,采用山东省农村劳动力微观调查数据,利用 **Heckman** 两阶段选择模型和内生转换模型进行实证检验,分析影响农村劳动力务工或务农行为选择的因素,重点关注高铁的作用。结果表明:高铁因素中是否开通高铁、高铁的开通班次、调查对象对高铁的态度均显著提高了农村劳动力的务工概率。农村劳动力个体的受教育程度、男性、已婚、年轻、健康的身体条件都促进了务工选择,家庭因素中家庭健康支出、最大经济支出、成员的最高受教育程度提高了务工选择概率,而家庭经济地位对务工选择产生抑制作用。农业补贴对农民选择务工发挥显著负向冲击作用,务工和务农的预期收入差距越大,农村劳动力务工选择概率就越大。

估计结果显示,农村劳动力务工或务农行为选择受诸多因素的综合影响,其中既有高铁和农业补贴的外生冲击,又有农村劳动力个体和家庭、务工与务农收入差距的影响。整体来看,伴随我国高铁网络的不断完善,城市化进程的不断推进,第二、三产业高速发展,农业收入受生产成本和生产方式的影响逐步下降。伴随农村劳动力对美好生活的追求,需求水平不断提高,也促使其在务工和务农之间做出选择。

第四章　高铁建设对产业
结构升级的影响

第一节　高铁对产业结构优化升级的影响分析

一、高铁对产业结构高度化的影响分析

产业结构高度化指产业结构水平由低水平向高水平演进。主要包含两方面：一方面为主导产业由第一产业向第二和第三产业转变，第三产业逐步成为产业结构的主导产业；另一方面指产业发展由劳动密集型向资本和技术密集型转移，产业的附加值不断提高。

高铁对产业结构高度化产生重要影响。第一，从主导产业的转移来看，高铁缩短了城市之间的时间距离，直接促进了要素流动，并吸引资金、人才、信息等向高铁城市集聚，促使第二和第三产业的快速发展，从而带动了沿线城市产业提升。第二，从产业要素密集度角度，高速铁路优化了要素资源配置，加强了高技能人才、资金、技术等要素流动，并促进了高技能劳动力面对面交流，提升了各产业中的资金和技术密集度。因此，高铁促进了产业结构高度化，不仅提升了第二、三产业的占比，也提高了产业

资金和技术密集度。

二、高铁对产业结构合理化的影响分析

产业结构合理化主要是指产业与产业之间加强协调能力并提高关联水平。产业之间的关联关系和协调程度是评价产业结构是否合理的重要标准。产业结构的合理化程度取决于资源配置的效果,资源配置越有效,产业结构就越合理。

高铁对产业结构合理化带来显著促进作用。第一,高铁本身就是一个巨大的产业链条,增加了对水泥、钢铁等产业有效需求,而且工程机械、电力设备、通信材料等上下游产业也随着高速铁路建设得到壮大,推动了整个产业链的协调发展和同步升级。第二,高铁建设消除了要素区域间流动的藩篱,增加了城市间联系便利度,实现了生产要素在更广范围内有效配置,有效降低了资源错配对产业合理化的影响。然而,高铁开通对资源配置的影响也存在局限性。第一,许多城市的高铁站远离市中心,增加了乘客由出发地至高铁站的时间,大大降低了高铁对城市间运行时间的节省作用,从而对高铁的资源配置效应带来消极影响。第二,由于高铁的"虹吸效应"和"过道效应",促进了中小城市和高铁外围城市的人才和其他生产要素外流,打破了这些区域原有产业结构的资源配置均衡状态,导致这些城市产业结构合理化产生波动。

因此,高铁对产业结构合理化的影响具有不确定性,如果高铁开通对产业结构合理化的正面影响大于负面影响,则促进产业结构合理化;反之,将对产业结构合理化产生抑制作用。

三、高铁对产业结构生态化的影响分析

产业结构优化升级不仅需要高度化和合理化,更要注重节能减排,追求产业生态化发展。高铁对产业结构生态化的作用具有两面性。一方面,高铁对产业结构生态化发挥促进作用。在直接效应方面,高铁是一种

可持续发展的高效"绿色动力"系统,高铁运行大大降低了运输行业的能源消耗和废气排放,优化了交通运输产业结构。在间接效应方面,高铁有效加强了城市间联系的可达性和紧密性,推动了旅游业、服务业等高生态产业的发展,间接促进产业结构的生态化。高铁的开通促进了城市间的知识技术交流,增加了技术外溢效应,推动科技进步并有效促进了清洁能源技术进步,有效降低了能耗,有助于区域内污染减排,对产业结构生态化发展产生影响。另一方面,高铁开通对产业结构的生态化发展有着不利的一面。由于高铁"向心力"和"离心力"的存在,高铁打破了原有区域产业结构的平衡状态,促使中小城市的第三产业更容易被高铁中心地区虹吸,伴随产业区域间迁移,高耗能、高污染的落后产业继续留在高铁落户地区,阻碍了这类区域产业结构生态化发展。

第二节　模型选择、数据说明及指标选取

一、模型选择

(一)双重差分模型

本部分将高铁开通作为一项"准自然实验",将开通高铁的城市作为"处理组",未开通高铁的城市作为"对照组",采用双重差分法(**DID**)评估了高铁开通对产业结构优化升级的政策效果。本书将处理组中的地级市赋值为1,对照组地级市赋值为0。由于高铁开通时间不同,将开通当年及以后的时间赋值为1,开通之前赋值为0。据此,直接生成高铁建设的虚拟变量 **HSR×year**。结合上述分析,本书利用虚拟变量 **city×year** 构造了面板双向固定效应进行双重差分估计,以检验高铁开通对产业结构优化升级的净效应,具体模型如式(4.1)所示:

$$industry_{it} = \alpha_0 + \alpha_1 HSR_{it} \times year_{it} + \beta_j \sum X_{it} + \mu_i + \lambda_t + \varepsilon_{it} \quad (4.1)$$

其中,被解释变量为 ***industry*** 为第 *i* 个城市第 *t* 年的产业结构优化升级水平,从产业结构高度化指标 **ISA**、产业结构合理化指标 **ISR** 及产业结构生态化指标 **ISE** 三个维度对变量 ***industry*** 进行测度。此外,最关心的主要解释变量为 ***HSR×year***,当城市 *i* 在 *t* 年开通高铁则取值为 1,否则取值为 0。λ_t 为时间固定效应,μ_i 为各地级市的个体固定效应,***X*** 为其他控制变量,包括经济发展水平(**pgdp**)、城市化水平(**urban**)、外商直接投资(**fdi**)、研发投入(**R&D**)、人力资本(**hum**)和信息化水平(**infor**)。在式(4.1)中,α_1 是核心的估计参数,表征地级市高铁开通对产业结构优化升级的净效应。依据前面分析,高铁开通确实促进了产业结构优化升级,预测 α_1 的系数估计值应该为正。

(二)空间双重差分模型

由于基准双重差分模型对个体存在严格的独立性假设,且只针对政策的直接效应进行测量,当产业结构优化升级存在空间关联时,使用 **DID** 方法就具有局限性。因此,在基准双重差分模型基础上,构建空间 **DID** 模型,通过空间杜宾与双重差分的嵌套模型,测量高铁对产业结构优化升级带来的直接效应与间接效应(即空间溢出效应)。

借鉴 **Chagas** 等(2016)的处理方法,构造 **SDMDID** 模型,在传统 **DID** 模型上引入空间权重矩阵,模型形式设定式(4.2):

$$industry_{it} = \alpha_1 HSR_{it} \times year_{it} + \rho W_k industry_{it} +$$

$$\theta W HSR_{it} \times year_{it} + \beta_j \sum X_{jit} + \mu_i + \lambda_t + \varepsilon_{it} \quad (4.2)$$

$$W_1 = \begin{bmatrix} W_{11} & \cdots & W_{1n} \\ \vdots & \ddots & \vdots \\ W_{N1} & \cdots & W_{Nn} \end{bmatrix} \quad (4.3)$$

$$W_1 = \begin{cases} 1/d_{ij} & i \neq j \text{ 且 } d_{ij} < d_{max} \\ 0 & i = j \text{ 且 } d_{ij} > d_{max} \end{cases} \quad (4.4)$$

其中,ρ 为空间自回归系数;θ 是自变量空间滞后项参数;μ_i 是城市固定效应;λ_t 为时间固定效应;α_1 是核心解释变量的系数,代表引入 **SDM** 后,为高铁对产业结构优化升级的影响程度。当 $k=1$ 时,W_1 为地理矩阵,是根据两两城市地理位置差异构建出的空间距离矩阵,i 和 j 表示两个不同的城市;d_{ij} 为城市 i 与城市 j 之间的欧式距离,利用国家基础地理信息系统的经纬度数据计算得来;d_{max} 表示城市之间的最大距离,若距离超过此值则地区间的相互作用忽略不计。

虽然地理距离权重矩阵能在一定程度上体现城市之间的关系,但并不是地理距离相近的城市的产业结构就有相关性,为探究经济距离临近地区是否也存在空间外溢效应,本书构建经济距离矩阵,即 $k=2$ 时,W_2 为经济距离空间权重矩阵,本书以 2004 年为基期,用平减之后的城市 **GDP** 均值进行测算,公式如下:

$$W_2 = W_{ij} = 1/|GDP_i - GDP_j| \tag{4.5}$$

其中 GDP_i 为以 2004 年为基期的城市 **GDP** 平减之后的均值。

二、数据来源

本部分利用 2004—2020 年间全国 279 个地级市的数据对模型进行估计。数据来源主要包括:高铁开通数据来源于中国铁路总公司、国家铁路管理局等官方网站;城市数据主要来源于《中国城市统计年鉴》《中国区域经济统计年鉴》等。由于部分地级市数据存在严重缺失,剔除此类地级市后,最终采用 2004—2020 年 279 个城市的相关数据进行了回归分析。

三、变量设定

(一)被解释变量

1.产业结构高度化指标

产业结构高度化是指产业结构由低水平状态向高水平状态发展的动态过程。借鉴袁航和朱承亮(2018)采用产业结构层次系数表示产业结构高度化,反映产业结构中第一产业、第二产业及第三产业优势地位的变化。具体公式如式(4.6):

$$ISA_{it} = \sum_{M=1}^{3} Y_{imt} \times m, m = 1,2,3 \tag{4.6}$$

式(4.6)中,m 表示三次产业的权重,三次产业依重要性分别赋值为1、2、3,Y_{imt} 代表 i 城市第 m 产业在 t 时期占该地区生产总值的比重。ISA 值越大,表示该地区产业结构高度化程度越高。

2.产业结构合理化指标

借鉴干春晖等(2020)的做法,用重新定义的泰尔指数估计地区产业结构合理化水平,具体为:

$$ISR_{it} = \sum_{m=1}^{3} (Y_{imt}/Y_{it}) \times \ln\left(\frac{Y_{imt}/L_{imt}}{Y_{it}/L_{it}}\right) \tag{4.7}$$

其中,m 为三次产业,ISR 为区域产业结构合理化初始值,Y 表示产值,L 为劳动力数量。该指标采用地区不同产业间的聚合质量衡量产业结构合理化水平,综合体现区域产业间的协调程度和区域资源的有效利用状况。由于 ISR 为反向指标,需要进行正向化处理,本书借鉴叶宗裕(2003)的处理方法:

$$ISR1 = \max(ISR) - ISR \tag{4.8}$$

正向化处理后,ISR 的值越大则产业结构越合理;反之,产业结构越不合理。

3.产业结构生态化指标

产业结构生态化是指不同生态绩效水平产业的交替发展和产业间生态关联程度的提高,其核心内容在于产业发展从高污染、高排放、高能耗转向低污染、低排放、低能耗。由于第二产业是资源消耗和污染排放的主体,本研究对吕明元等(2018)的指标构建方法进行了改进,采用工业生态效率作为测度产业结构生态化,具体为:

$$ISE_{it} = \frac{IEV_{it}}{IPL_{it}} \qquad (4.9)$$

ISE_{it} 表示产业结构的生态化发展,综合衡量地区工业发展与生态的协调程度。其中,IEV_{it} 表示 i 城市在 t 时期工业生产经济价值,IPL_{it} 表示 i 城市在 t 时期的工业污染程度。

(二)核心解释变量

本部分的核心解释变量为高铁开通虚拟变量 **HSR×year**,在中国铁路总公司网站、国家铁路管理局等官方网站搜集并整理了高铁线路是否开通和开通时间等数据。由于高铁经济效应显现具有一定的时滞性,因此若高铁的开通时间为上半年则定义为当年开通,若开通时间为下半年则设定为下一年开通。

(三)其他控制变量

本部分还控制影响产业结构优化升级的其他变量。(1)经济发展水平对一地区的产业结构水平发挥基础性作用。(2)城市化水平,城市化水平越高,一个城市的第二和第三产业往往越发达。(3)外商直接投资,外资利用情况反应了一个城市的经济和技术发展水平。(4)研发投入,研发投入越多,用于产业技术改进的能力越强,越有利于产业结构优化升级。(5)人力资本,人力资本水平越高越有利于产业就业结构改善和技术水平提升。(6)信息化水平,信息化水平越高越有利于产业效率的提升。具体变量定义见表4.1。

表4.1 主要变量及定义

变量	变量名称	测度方法
被解释变量	产业结构高度化(ISA)	式(4.6)
	产业结构合理化(ISR)	式(4.7)
	产业结构生态化(ISE)	式(4.9)
核心解释变量	高铁开通(HSR×year)	虚拟变量,高铁开通城市 HSR 设为1,否则为0;高铁开通年份 year 设为1,否则为0

续表

变量	变量名称	测度方法
控制变量	经济发展水平（**pgdp**）	人均 **GDP**,以 2004 年为基期,通过 **GDP** 平减指数调整后的人均实际 **GDP** 来表示
	城市化程度（**urban**）	非农业人口占年末总人口的比重
	外商直接投资（**fdi**）	各城市实际利用外资额占地区 **GDP** 的比重
	研发投入（**R&D**）	科学技术支出占地方财政预算支出的比重
	人力资本水平（**hum**）	每万人中普通高等学校在校生人数
	信息化水平（**infor**）	邮电业务量

第三节　实证结果及分析

一、基准回归结果

本部分采用双向固定效应的双重差分模型对高铁开通的产业结构优化升级效应进行检验,具体估计结果见表 4.2。模型（1）、（2）、（3）检验中并未加入控制变量,相关结果表明在无控制变量影响下,高铁对产业结构高度化在 1% 显著性水平上产生显著影响,但对产业结构合理化和生态化的影响并不显著。

表 4.2　基准检验结果

变量	(1) ISA	(2) ISR	(3) ISE	(4) ISA	(5) ISR	(6) ISE
HSR×year	0.006 *** (1.011)	−0.007 (−1.001)	0.004 (0.101)	0.005 *** (0.049)	−0.014 *** (−0.344)	0.035 *** (0.139)
lnpgdp				−0.014 *** (−0.123)	0.013 ** (0.108)	0.221 *** (0.100)

变量	(1)ISA	(2)ISR	(3)ISE	(4)ISA	(5)ISR	(6)ISE
urban				0.061*** (−1.012)	0.034*** (−1.276)	−0.232*** (−1.321)
fdi				−0.165*** (−1.322)	0.014** (0.020)	1.131*** (1.231)
R&D				0.065 (−0.343)	−0.123 (−0.453)	1.226*** (1.643)
hum				0.014*** (1.110)	−0.007 (−0.112)	−0.014 (−0.234)
infor				0.005*** (0.332)	−0.005*** (−0.123)	0.021*** (0.132)
时间效应	控制	控制	控制	控制	控制	控制
地区效应	控制	控制	控制	控制	控制	控制
常数项	1.432*** (1.231)	1.654*** (1.005)	1.115*** (2.074)	1.445*** (1.064)	1.146*** (1.065)	−1.243*** (−1.032)
样本数	4743	4743	4743	4743	4743	4743
R2	0.534	0.342	0.245	0.523	0.123	0.453

注：***、**、*分别代表1%、5%和10%的显著性水平。

模型(4)、(5)、(6)为加入相关控制变量的检验结果。由模型(4)结果可知,高铁在1%的显著性水平上对产业结构产生显著正向影响,表明高铁促进产业结构向第二和第三产业优势地位转变。这可能由于高铁加快了劳动力、资金、技术等生产要素的流动,促进了高铁城市工业和服务业发展,提升了城市的产业高度化水平。

由模型(5)的结果可知,高铁对产业结构合理化产生消极作用。这可能由于,第一,高铁促进了劳动力、资金等要素在高铁中心城市集聚,虹吸效应也促使了优势资源由高铁沿线中小城市向中心城市流动,不利于高铁沿线中小城市产业结构合理化发展。高铁对产业结构的消极影响弱化了高铁对产业空间拓宽带来的促进作用,伴随高铁网络的不断完善,高铁对产业结构合理化的效应可能会发生改变。

模型(6)结果表明,高铁开通显著促进了产业结构生态化。高铁开通有效促进了劳动力的面对面交流,促进了城市间知识和技术交流,带动了产业结构中技术水平提升,降低了产业能耗,并促进了清洁能源产业的发展,显著促进了产业结构生态化水平。

观察控制变量的回归结果发现:经济发展水平和外商直接投资对产业结构合理化和生态化产生显著正向影响,但对产业结构高度化具有抑制作用,表明经济发展水平提高和外商直接投资增加促进了带动产业技术水平提升,有助于产业协调发展,并改善产业生态化水平,但不利于产业结构不断向高度化发展,这可能由于经济发展水平和外商投资多集中于工业行业。城市化水平对产业结构的高度化和合理化水平具有显著促进作用,但不利于产业结构生态化水平提升,可能由于伴随城市化水平的提升,城市的工业污染随之加重。研发投入显著促进了产业结构高度化和生态化水平,表明研发投入增加,促进了节能减排技术、低碳技术等发展,促进了产业向第二和第三产业转移的同时,也使产业生态化得到不断优化。

人力资本水平提升显著促进了产业高度化水平,但对产业合理化和产业生态化的影响并不显著。信息化水平显著促进了产业高度化和产业生态化,但不利于产业合理化水平提升。这可能由于信息化水平的提升减少了人员就业水平,不利于产业结构合理协调发展。

综合模型(1)至模型(6)的检验结果,高铁开通显著促进了产业结构高度化和生态化水平,但不利于产业结构合理化。表明高铁一定程度上有利于产业结构优化升级。

二、空间 DID 模型估计结果

本部分基于空间 DID 模型检验高铁对产业结构优化升级的影响,并运用地理距离矩阵和经济距离矩阵的空间 DID 模型进行检验,估计结果分别见表4.3。进行空间 DID 检验的前提是需对变量进行空间相关性检验,本研究采用 Moran's 指数对产业结构变量进行空间相关性检验,结果表明 Moran's 指数显著为正,产业结构变量在空间维度上呈现显著正相关,适合采用空间计量模型进行检验。使用拉格朗日乘数(LM)检验和稳健拉格朗日乘数(Ro-bust-LM)检验对空间计量模型的设定也进行了检验,表 4.3 中 test lag 和 test error 的结果显示(P 值为 0)整体上都通过了显著性检验,即空间滞后项与空间误差项均应纳入本书的模型当中,应用 SDMDID 模型更适合于本书的分析。

表 4.3　地理临近地区高铁开通的空间外溢效应

变量	(1) ISA	(2) ISR	(3) ISE
直接效应			
HSR×year	0.003 *** (0.041)	−0.010 *** (−0.302)	0.021 *** (0.104)
间接效应			
HSR×year	0.004 *** (0.042)	−0.007 *** (−0.311)	0.017 *** (0.109)
总效应			
HSR×year	0.007 *** (0.049)	−0.017 *** (−0.313)	0.038 *** (0.139)
LM-test lag	18.656 *** (0.000)	15.267 *** (0.000)	44.646 *** (0.000)
Robust LM-test lag	16.625 *** (0.000)	12.756 *** (0.000)	12.325 *** (0.000)
LM-test error	15.725 *** (0.000)	6.667 *** (0.000)	9.324 *** (0.000)
Robust LM-test error	6.315 *** (0.000)	4.275 *** (0.000)	6.414 *** (0.000)
控制变量	控制	控制	控制
时间效应	控制	控制	控制
地区效应	控制	控制	控制
adj. R2	0.744	0.316	0.223

　　地理距离矩阵估计下的溢出效应中,高铁显著促进了产业结构高度

化和生态化水平,但不利于产业结构合理化。地理距离矩阵估计下的溢出效应中,第(1)列和第(3)列间接效应显著为正,高铁在地理距离上对周边城市产生重要空间溢出作用。从城市地理位置看,高铁开通不仅促进了该城市的产业高度化和生态化水平,对与其地理距离邻近城市的产业高度化和生态化也存在显著的正向溢出效应。

第四节　异质性分析

一、不同地理区位的异质性

考虑到不同地区的地理位置、要素禀赋等存在较大差异,高铁开通对产业结构优化升级的影响也必然存在区域差异性。因此将 279 个样本城市划分为东部、中部、西部三个子样本,采用不同区域城市子样本分别考察高铁开通对产业结构优化升级的影响,具体回归结果见表 4.4。

表 4.4　高铁对不同地区城市产业结构效应的异质性检验

变量	东部地区			中部地区			西部地区		
	(1) ISA	(2) ISR	(3) ISE	(4) ISA	(5) ISR	(6) ISE	(7) ISA	(8) ISR	(9) ISE
直接效应									
HSR× year	0.006 (0.022)	0.011 *** (0.102)	−0.011 *** (0.109)	0.003 *** (0.012)	−0.011 *** (−0.326)	0.014 ** (0.123)	0.002 (0.011)	−0.014 (−0.102)	0.012 *** (0.164)
间接效应									
HSR× year	0.005 * (0.032)	0.008 *** (0.301)	−0.008 *** (0.104)	0.003 *** (0.011)	−0.005 *** (−0.111)	0.010 *** (0.102)	0.003 (0.012)	−0.006 * (−0.611)	0.013 *** (0.106)
总效应									
HSR× year	0.011 (0.024)	0.019 *** (0.311)	−0.019 *** (0.124)	0.006 *** (0.023)	−0.016 *** (−0.113)	0.024 *** (0.178)	0.005 (0.024)	−0.017 (−0.813)	0.025 *** (0.122)

续表

变量	东部地区			中部地区			西部地区		
	(1)ISA	(2)ISR	(3)ISE	(4)ISA	(5)ISR	(6)ISE	(7)ISA	(8)ISR	(9)ISE
控制变量	控制	控制	控制	控制	控制	控制	控制	控制	控制
时间效应	控制	控制	控制	控制	控制	控制	控制	控制	控制
地区效应	控制	控制	控制	控制	控制	控制	控制	控制	控制
R2	0.722	0.224	0.554	0.526	0.256	0.623	0.543	0.289	0.524

表4.4中模型(1)、(4)、(7)结果表明,高铁显著促进了中部城市产业结构高度化,但这一效应在东部和西部城市并不显著。可能原因在于东部地区经济发展水平相对于中部和西部较高,其产业结构水平已实现了向第二和第三产业转移,因此高铁开通并未显现出显著促进作用。西部城市开通高铁的城市数量少,且高铁成网密度全国最低,高铁并不能体现出对产业高度化的显著促进作用。中部是我国的粮食主产区,也是重要的能源资源产地,产业基础方面,服务较东部发展程度低,高铁开通后,中部城市联入密集高铁网络,迅速促进了服务业发展,提高了中部城市产业结构高度化水平。

表4.4中模型(2)、(5)、(8)结果表明,高铁显著促进东部城市产业结构合理化,在中部地区对产业结构合理化发挥抑制作用,在西部地区该效应不显著。可能主要基于下列原因:第一,东部地区高铁网络密度高,联通效果好,显著促进了要素跨地域流动,伴随要素配置优化程度提高,促进了产业协调发展,有助于产业结构合理化。第二,中部城市高铁与东部城市高铁联通效果好,遭受来自东部城市的"虹吸效应",中部城市的人才、资本、技术等发生外流,降低了资源合理配置的效率和产业间关联协调程度,不利于产业合理化发展。第三,西部受资源禀赋和地理条件影响,高铁建设相对缓慢,高铁密度低,无法形成网络效应,导致其对产业的

协调发展带动力不足,叠加西部城市在高铁作用下加快了劳动力和资源流失,高铁对产业合理化的效应并不显著。

表 4.4 中模型(3)、(6)、(9)结果表明,高铁促进了中部和西部城市产业结构生态化,但不利于东部地区产业结构生态化水平提升。这可能由于:第一,高铁开通促进了东部地区城市的可达性,吸引了大量劳动力、资金等向东部城市集聚,在促进了东部经济发展的同时,也加剧了东部地区的资源消耗,对产业生态带了巨大冲击。第二,高铁带来的技术外溢和高技能人才的面对面交流机会的增加,促进了中部和西部地区原有产业技术提升的同时,也促进了高技术和低能耗产业在中部和西部地区的发展,显著促进了中部和西部的产业生态改善。

二、不同规模城市的异质性分析

中国各个地级市的经济发展水平、要素资源等都存在显著差异。大城市依靠经济优势,更容易吸引人才、资金、技术等要素资源,而中小城市经济发展水平与大城市相比存在一定差距,因此高铁对不同规模城市产业结构的影响具有差异性。2022 年国务院印发《关于调整城市规模划分标准的通知》,对原有城市规模划分标准进行了调整,明确了新的城市规模划分标准。按照最新城市规模划分标准,将全样本分为大城市(城区常住人口 100 万以上)和中小城市(城区常住人口 100 万以下)两个子样本,就高铁对不同规模城市产业结构的影响进行异质性检验。具体结果见表 4.5。

表 4.5　高铁对不同规模城市产业结构效应的异质性检验

变量	大城市			中小城市		
直接效应	(1) ISA	(2) ISR	(3) ISE	(4) ISA	(5) ISR	(6) ISE
HSR×year	0.003 (0.021)	0.012 *** (0.105)	-0.003 *** (0.102)	0.006 *** (0.009)	-0.006 (-0.326)	0.016 *** (0.003)
间接效应						

续表

变量	大城市			中小城市		
	(1) ISA	(2) ISR	(3) ISE	(4) ISA	(5) ISR	(6) ISE
HSR×year	0.002 * (0.043)	0.007 *** (0.101)	−0.001 (0.167)	0.003 *** (0.007)	−0.002 (−0.111)	0.010 *** (0.005)
总效应						
HSR×year	−0.005 (−1.011)	−0.019 ** (−2.123)	−0.004 (−0.005)	0.009 *** (1.543)	−0.008 (−0.024)	0.026 ** (1.023)
控制变量	控制	控制	控制	控制	控制	控制
时间效应	控制	控制	控制	控制	控制	控制
地区效应	控制	控制	控制	控制	控制	控制
R2	0.722	0.224	0.554	0.526	0.256	0.623

注：*** 、** 、* 分别代表1%、5%和10%的显著性水平。

表4.5中模型(1)和模型(4)的估计结果表明,高铁开通对大城市产业结构高度化的影响不显著,但显著促进了中小城市产业结构高度化。由于产业结构高度化水平与区域的经济发展基础紧密相关,大城市的经济发展水平较高,已经形成了以第二和第三产业为主的产业结构高度化发展模式,因此高铁开通对产业结构高度化的影响并不显著。中小城市在高铁开通下,资源配置更加优化,第二和第三产业迅速发展,进一步提高了产业结构高度化水平。

表4.5模型(2)和模型(5)的估计结果表明,高铁开通显著抑制了大城市产业结构合理化,对中小城市产业结构合理化水平并未产生显著影响。高铁开通后,进一步促进优质资源向大城市集聚,大城市注重发展现代化产业,产业发展的协调性受到冲击,不利于产业结构合理化。中小城市受到"过道效应"和"虹吸效应"的影响,高铁对其经济发展的影响受到资源流失的冲击,不能对产业结构合理化产生显著效应。

值得引起注意的是,高铁开通对不同规模城市的产业结构生态化效应存在显著性差异。表4.5模型(3)和模型(6)的估计结果表明,高铁开通在1%的显著性水平上对中小城市产业结构生态化产生显著促进作用,但在大城市这一效应并不显著。这可能是由于高铁促进了大城市和中小城市间的知识和技术流动,促进了中小城市清洁技术的进步与发展,推进其产业结构生态化发展进程。高铁开通给大城市带来了更多劳动力、资源集聚的同时,也加大了资源消耗,当前清洁技术的发展无法消除能源消耗对产业生态导致的影响,因此高铁对大城市产业生态化改善效应并不显著。

第五节　稳健性检验

一、改变样本范围

中国高铁线路的规划和建设是由政府主导,因此行政级别较高的省会城市和直辖市会被优先纳入高铁规划中,因此在样本选择时处理组和对照组存在差异,为排除高铁建设中省会城市和直辖市的影响,剔除样本城市中的省会城市和直辖市,对剔除这类城市后的样本重新进行回归,回归结果见表4.6。由表4.6中模型(1)至模型(3)结果可知,高铁对产业结构高度化和生态化具有显著正向影响,对合理化具有显著负向影响,结果与基准检验结果一致。该检验结果表明,高铁开通对产业结构优化升级影响具有稳健性,不受样本改变的影响。

表4.6　剔除省会和直辖市的检验结果

变量	(1) ISA	(2) ISR	(3) ISE
直接效应			
HSR×year	0.005 *** (0.023)	−0.011 *** (−0.009)	0.024 *** (0.004)
间接效应			

变量	(1) ISA	(2) ISR	(3) ISE
HSR×year	0.003*** (0.052)	−0.007*** (−0.091)	0.018*** (0.007)
总效应			
HSR×year	0.008*** (1.100)	−0.018*** (−1.001)	0.042*** (1.006)
控制变量	控制	控制	控制
时间效应	控制	控制	控制
地区效应	控制	控制	控制
adj. R2	0.723	0.332	0.208

注：***、**、*分别代表1%、5%和10%的显著性水平。

二、改变高铁变量测度方式

为检验高铁对产业结构的影响是否受高铁变量测度方式的影响,采用城市开通高铁班次数(HSRN)衡量高铁变量,采用 HSRN 与 year 虚拟变量形成的交叉项 HSRN×year,重新估计高铁对产业结构的影响。检验结果见表4.7。表4.7 结果表明高铁显著促进了产业结构高度化和生态化水平,但不利于产业结构合理化。结果与基准检验结果相比显著性一致,只是系数稍大,表明检验结果具有稳健性。

表4.7　剔除省会和直辖市的检验结果

变量	(1) ISA	(2) ISR	(3) ISE
直接效应			
HSRN×year	0.007*** (0.001)	−0.013*** (−0.006)	0.026*** (0.012)
间接效应			
HSRN×year	0.005*** (0.011)	−0.010*** (−0.045)	0.023*** (0.008)
总效应			

变量	(1) ISA	(2) ISR	(3) ISE
HSRN×year	0.012 *** (0.101)	−0.023 *** (−0.006)	0.049 *** (0.008)
控制变量	控制	控制	控制
时间效应	控制	控制	控制
地区效应	控制	控制	控制
adj. R2	0.345	0.435	0.342

注: *** 、** 、* 分别代表 1%、5% 和 10% 的显著性水平。

三、改变权重矩阵

为检验高铁对产业结构的影响是否受不同权重矩阵的影响,采用经济距离矩阵进行估计,结构见表4.8。结果表明高铁的产业结构效应与地理距离权重矩阵下一致。模型中空间溢出效应显著,表明经济距离的远近对产业结构有显著溢出效应。值得引起注意的是,高铁供给水平较高,高铁建设使得城市间高技能人才交流更加密切,对经济距离邻近的城市产生广泛的溢出效应,且知识溢出作用对产业结构合理化表现出显著抑制作用。

表 4.8　经济临近地区高铁开通的空间外溢效应

变量	(1) ISA	(2) ISR	(3) ISE
直接效应			
HSR×year	0.008 *** (0.001)	−0.011 *** (−0.003)	0.019 *** (0.010)
间接效应			
HSR×year	0.006 *** (0.013)	−0.009 *** (−0.002)	0.016 *** (0.007)
总效应			
HSR×year	0.014 *** (0.007)	−0.019 *** (−0.005)	0.035 *** (0.004)

续表

变量	(1) ISA	(2) ISR	(3) ISE
控制变量	控制	控制	控制
时间效应	控制	控制	控制
地区效应	控制	控制	控制
adj. R2	0.367	0.423	0.367

注:采用聚类稳健标准误;*、**和***分别表示在10%、5%和1%水平显著。

第六节 高铁对产业结构优化升级的进一步探讨

为进一步分析高铁对城市产业结构优化升级带来的影响,接下来根据高铁线路开通时间构建各开通年份的复杂网络结构,采用高铁网络的城市度中心性衡量节点城市在高铁网络中的地位,并基于此分析高铁对产业结构的影响。具体为,根据铁路网拓扑性质,定义地级市为节点 N 并构建空间 S,如果两个城市之间开通了一条高铁线路 R,则用一条线将两城市相连,并将该连接线记为 L,高铁网络则可表示为 $G = (N, L, R)$。同时,借鉴邓和徐(Deng 和 Xu, 2015)的做法,构建度中心性来测度网络联系广度,以考察城市在高铁网络中的重要性,若城市所在网络联系广度越高,该城市交通脉络沟通能力就越强。具体的计算公式如下:

$$DC_{it} = \frac{k_{it}}{N-1} \tag{4.10}$$

其中,DC_{it} 为度中心性,k_{it} 表示 i 城市在 t 时期与其直接相连的城市的数量,$N-1$ 为节点最大可能的度值。通过测算社会网络分析中的网络联系广度指标(度中心性指标 DC_{it}),更替基础回归中的 HSR×year 指标,回归后得到如表4.9所示。

表 4.9　高铁网络对产业结构优化升级的影响

变量	(1) ISA	(2) ISR	(3) ISE
DC	0.003 *** (2.030)	−0.002 (−0.048)	0.008 *** (2.058)
控制变量	控制	控制	控制
时间效应	控制	控制	控制
地区效应	控制	控制	控制
常数项	2.493 *** (2.219)	2.088 *** (8.931)	−3.416 *** (−2.268)
样本数	4464	4464	4464
R2	0.737	0.223	0.549

根据表 4.8 中模型 (1) 至模型 (3) 的回归结果可知,高铁网络联系广度对产业结构高度化和生态化产生了显著促进作用,对产业结构合理化的效应并不显著。高铁网络联系广度越高的城市,其交通联系能力越强,越容易通过加速高技能人才的流动,加快知识获取,促进服务业发展,并促进低能耗技术的进步,进而对产业结构高度化和生态化产生积极影响。高铁网络对产业结构合理化的效应不显著,可能是由于目前我国中小城市"高铁争夺战"层出不穷,各城市都把高铁设站当成了重要发展机遇,忽视了修建高铁的巨额成本和运营代价,中小城市更需要花费大量人力、物力、财力在高铁站附近修建新城,可能挤占了发展地区产业的资源,不利于实现产业协调发展。

第七节　研究结论

高铁作为高效快速的交通运输系统,促进了生产要素尤其是劳动力要素流动,对资源优化配置和产业结构优化发挥重要作用。本部分将高铁开通作为一项"准自然实验",采用 2004—2020 年中国地级市面板数据,就高铁对产业结构优化升级的影响进行系统分析。结果表明:

第一,采用 DID 模型的基准检验结果和空间 DID 的估计结果均表明,高铁显著促进了产业结构高度化和生态化,但不利于产业结构合理化。整体而言,高铁促进了产业结构优化升级。在采用改变样本范围、改变核心解释变量高铁的测度方法、改变权重矩阵等一系列稳健性检验后,表明结果具有稳健性。

第二,高铁对不同城市的产业结构优化升级效应存在差异性。从城市地理区位来看,高铁对东部城市的产业合理化发挥促进作用,但抑制了其产业生态化改善。高铁促进了中部城市产业结构高度化和生态化水平,但不利于产业结构合理化。在西部城市,高铁显著促进了产业生态改善,但对产业结构高度化和合理化水平未能体现出显著影响。从城市规模来看,高铁对大城市的产业结构合理化产生抑制作用,对产业结构高度化和生态化的影响并不显著。高铁对中小城市的产业结构高度化和生态化产生显著促进作用,但对产业结构合理化的影响并不显著。

第五章　高铁建设、劳动力流动对产业结构优化升级的影响——基于知识密集型产业的检验

第一节　高速铁路对知识密集型产业的影响现状分析

高铁可达性和低环境污染为产业结构优化升级提供了基础。高速铁路不仅可以为大城市地区提供可靠和高质量的城际交通,且对环境的影响相对较小(Campos 和 Rus,2009;Dalla et al. ,2017)。高铁在 200—800公里左右的中长途旅行中最具优势(Givoni,2006),增加了城市之间和区域内部连通性,并对经济发展产生额外溢出效应(Hall,2009),因此许多国家重视高铁建设。

高铁的产业经济效应具有两面性。高铁建设产生的社会空间影响和产业经济影响,表现为积极和消极两个方面(Albalate 和 Bel,2012;Bellet 和 Urena,2017)。以较早开通高铁国家为样本的研究表明,高铁发展提高了区域可达性,扩大了高铁服务城市的潜在市场面积,产生了"生成效

应"（Shaw et al.，2014），促进了产业经济活动向中心城市集中，有助于中小城市产业结构优化升级。然而，高铁发展的集聚效应可能会被城市中心地区的房价上涨、生活成本上涨等抵消，也可能会促使一部分企业和家庭迁移到附近中小城市（Zhao et al.，2011），对中小城市产业结构产生溢出效应。因此，高铁的发展也可以产生"扩散效应"，促进产业经济活动向周边小城市分散（Zheng 和 Kahn，2013）。

由于高铁的集聚效应和扩散效应，高铁在不同城市的产业经济效果存在差异性（Hall，2009；Vickerman，2015）。大部分已有文献认为高铁发展有利于大城市产业发展，并可能损害中小城市产业经济发展（Banister 和 Givoni，2013；Garmendia et al.，2012）。主要原因是，高铁服务使中心城市吸引熟练劳动力、资金等生产要素集聚，有助于产业发展。但随着时间的推移，中小城市可能会成为中心城市的附属城市，从而导致中小城市产业经济活力下降（UIC，2011）。

随着中国高铁网络的不断完善，越来越多的研究关注高铁的社会经济效应，关注重点集中在高铁对城市的整体经济发展和服务业增长等问题（Chen，2012；Chen 和 Haynes，2015；Zheng 和 Kahn，2013）。尽管大量的实证研究检验了高铁发展的社会经济影响，但对这一基础设施如何塑造中国经济快速增长的关键来源之一——知识密集型产业的理解仍然有限。此外，中国高铁覆盖了广阔地理区域，这意味着任何相关的影响都需多尺度研究。然而，多个空间尺度上主要城市不同行业（包括知识密集型经济）如何受到高铁发展的影响，急需更深此次的研究。

本部分根据 Chen 和 Vickerman（2017）的定义，将知识密集型经济定义为六个生产性服务业部门，即信息传输、计算机和软件服务业；房地产；租赁和商业服务；科学研究；技术服务和地质勘探；教育、文化、体育和娱乐业。高质量运输服务是知识密集型产业发展的一个关键条件。为此，本研究追踪了 2006 年至 2020 年 15 年间中国的知识密集型产业发展情况和空间动态变化。在此基础上，考察了中国 33 个主要城市的高铁对知识密集型产业的影响,即高铁对知识密集型产业发展的影响;高铁对知识密集型产业空间集聚的影响;高铁对主要城市知识密集型产业专业化的影响。

高铁城市的选择并不是随机的。高铁投资往往更多倾向于大城市,而相对较小城市获得的投资机会较少。大城市不仅对国家和区域空间发展战略具有重要的战略意义,对高铁基础设施投资也会创造更大回报。因此,在分析高铁发展如何改变中心城市及其腹地经济状况问题时,大城市优于相对较小城市的先决条件是必须考虑的因素。这也意味着,在评估高铁发展的总体影响时,无偏见地选择具有相似社会经济背景的样本城市至关重要。本研究针对样本城市选择问题,无偏基准地选取了33个大城市样本,就高铁对知识密集型产业发展的影响进行实证研究。

已有研究通常将旅行时间的缩短作为主要指标来分析高铁的影响(Chen 和 Vickerman,2017;Moyano 和 Dobruszkes,2017)。除旅行时间外,高铁服务频率是一个重要但较少使用的指标。使用高铁服务频率作为一个补充指标,可提高高铁效应估计效果的有效性,因为高铁列车服务频率能有效捕捉旅客的等待时间,并能衡量高铁站在全国铁路网中的重要性(Wang et al.,2013)。因此,本研究有助于通过缩短旅行时间和提高高铁服务频率两方面分析高铁对产业发展的影响。

第二节　高速铁路对城市知识密集型产业发展影响案例研究

一、主要城市高铁的分布状况

本部分研究的实证分析涵盖了中国33个副省级城市高铁对知识密

集型产业经济活动的影响。中央和省级政府优先对这类主要城市进行高铁投资,这些大城市在服务业和知识经济方面也经历了重大转变。北京、天津、上海及重庆四个城市由中央政府管理,并被指定为省级管理机构。本研究的其他主要城市为各省份的经济和政治中心,并被指定为副省级行政机构。

自 2004 年国务院发布《国家中长期铁路发展规划》,中国铁路投资进一步增加。铁路投资从 2004 年的 901.4 亿元人民币增至 2016 年的 801.5 亿元人民币(中国国务院,2016 年),这些数字表明中国政府投入巨额资金发展高铁基础设施。然而,中国对各区域的高铁投资分布并不均衡。根据经济地理位置差异,中国大陆被划分为发达的东部、较发达的中部及最不发达的西部三个区域。本研究所采用的城市分布在这三个地区。截至 2020 年,三个区域的高铁网络长度和车站数量存在较大差异。在 3.9 万公里的高铁总长度中,东部、中部和西部分别占 38.7%、31.6% 和 29.7%。就高铁站点而言,绝大多数(355 个)的高铁站点位于东部地区,占所有高铁站点的 43.6%,而中部和西部地区站点分别为 276 个(33.9%)和 183 个(22.5%)。因此,总体而言,东部地区高铁线路和站点密度最高,站点数量与高铁里程之比也最高。

现有数据表明,在选定的样本城市中,高铁每天的服务频率存在显著差异。本研究分析中使用的关键变量之一是选定案例研究城市的高铁服务频率。在选定的 33 个主要城市中,广州的高铁服务最频繁,每天有 818 列高铁列车,其次是上海(788)和北京(617),而呼和浩特最少只有 24 列高铁服务。杨等(Yang et al.,2018)认为高铁服务频率反映了城市在城市体系中的重要程度,最大人口和经济中心城市也拥有最频繁的高铁服务。此外,本研究获得的高铁服务频率数据显示,与普通铁路相比,2006 年至 2020 年中国东、中、西三大区域的高铁平均服务量快速增长(图 5.1)。然而,高铁服务的地区差异显著,东部地区的平均频率最高,其次是中部和西部地区。对于普通铁路服务,平均频率保持相当稳定,在研究期间观察到的区域差异相对较低。平均而言,中部地区的普通铁路服务频率最高,其次是东部和西部地区(图 5.2)。

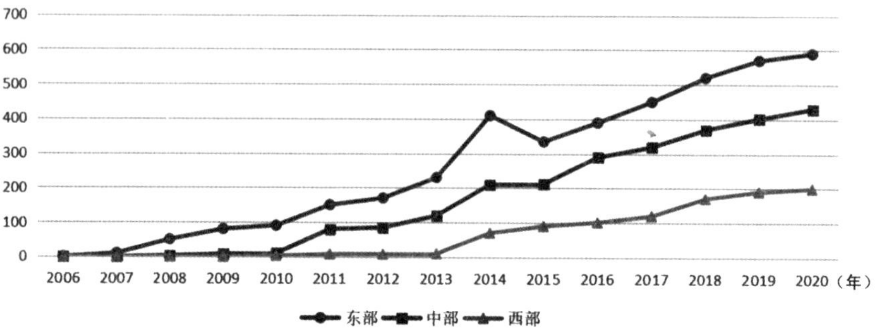

图 5.1　2006—2020 年中国三大区域内 33 个主要城市高铁日均服务频率

注:数据来源于中国铁路。

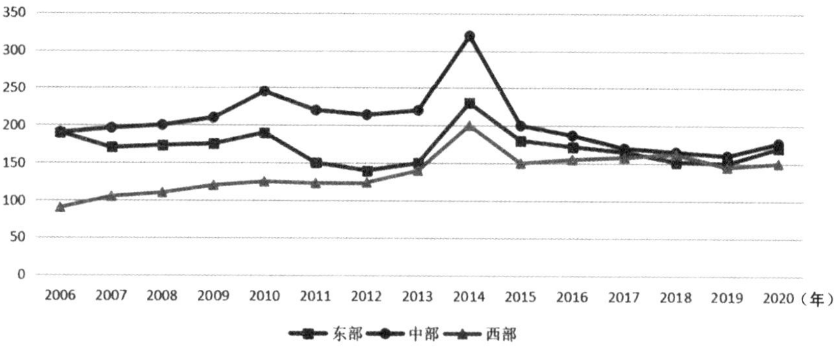

图 5.2　2006—2020 年中国三大区域内 33 个主要城市普通铁路日均服务频率

注:数据来源于中国铁路。

二、知识密集型就业增长与空间集中

知识密集型就业增长的相关数据表明,2006—2020 年期间,33 个主要城市的知识密集型就业绝对值大幅增长,从 1032 万个就业岗位增至 2950 万个就业岗位。按百分比计算,在国家层面上,知识密集型行业就

业比例从 2006 年的 23.55% 上升到 2020 年的 25.65%。据全国统计,33
个样本城市的知识密集型经济占全国总量的比重由同期的 37.42% 上升
至 48.42%。

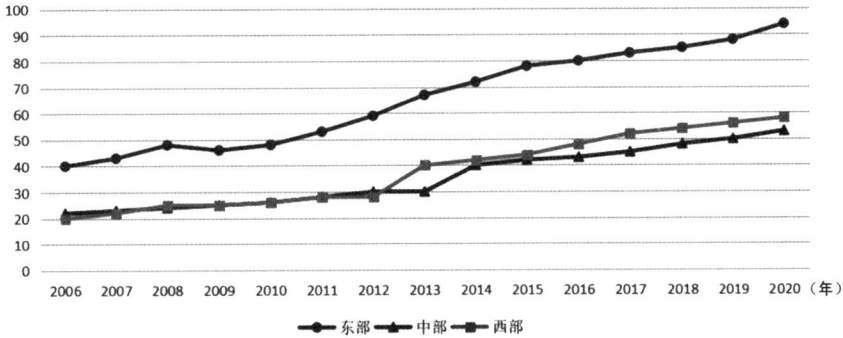

图5.3　东、中、西部创业就业增长

注:数据来源于《中国城市统计年鉴》。

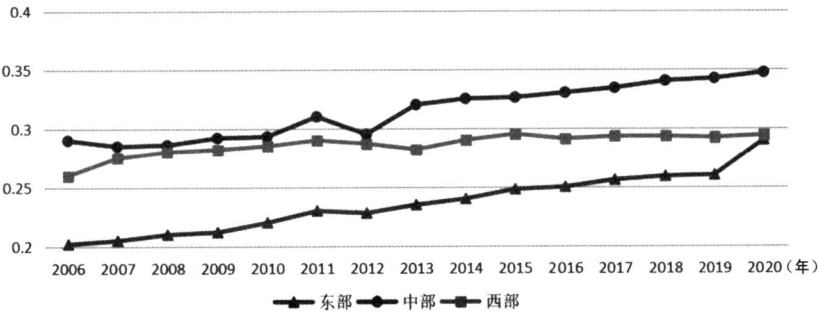

图5.4　主要城市在本地区创业就业中所占份额

注:数据来源于《中国城市统计年鉴》。

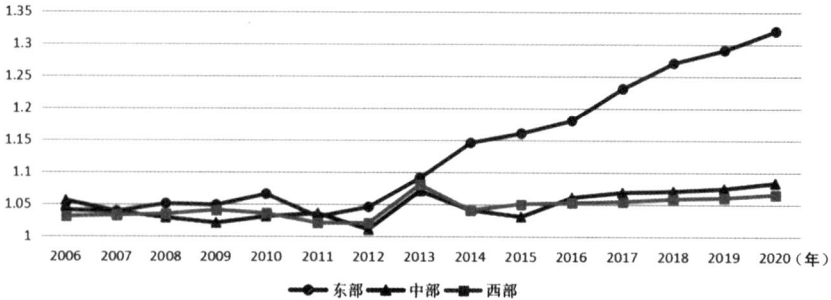

图 5.5　　2006—2020 年创业专业化

注:数据来源于《中国城市统计年鉴》。

如图 5.2 所示,三个地区样本城市的知识密集型就业人数都翻了一番。样本城市的知识密集型就业年平均增长率为 9.56%,而全国知识密集型就业平均增长率为 5.44%。此外,33 个主要城市的知识密集型经济就业的区位商在过去几年都大于 1,表明这些城市注重知识密集型经济发展。然而,伴随时间推移,中国东部、中部、西部地区的知识密集型经济空间协调发展存在显著的区域差异(图 5.4)。根据这三个子图,中国东部样本城市就业存量(KEE)(图 5.2)和区域专业化水平(LQKEE)最大(图 5.4),但知识密集型经济区域份额(RshKEE)最低(图 5.3)。2011 年以来,东部样本城市的知识密集型经济专业化(LQKEE)显著增加(图 5.4)。相比之下,中西部地区的样本城市在知识密集型经济专业化方面表现出相似发展模式。可见,近年来东部和西部样本城市的知识密集型经济增长集中度较高,而中部城市的知识密集型经济增长集中度变化不明显。

三、知识密集型产业发展及其空间动态

考虑到当地环境的重要性,本部分构建高铁影响知识密集型经济动态发展的分析框架。与其他经济部门相比,知识密集型产业对高质量交通服务更敏感。已有研究表明,高铁发展对大城市知识密集型产业经济增长发挥关键催化作用(Chen 和 Vickerman,2017;Garmendia et al.,

2012）。本研究主要从多尺度、多部门的比较视角分析高铁在知识密集型产业中的作用。高铁开通预计将使某些城市和地区受益更多，某些特定的工业部门受益更多。因此，高铁对经济活动的产生和再分配可能存在"空间选择性"和"部门选择性"效应。在这个框架中，结构因素为城市的产业结构，包括第一、第二、第三产业对 GDP 的贡献。区位为 33 个选定城市所在的三个地区（即中国的东部、中部和西部地区），其他交通因素为在客运方面与高铁服务竞争的其他城际运输服务，如传统铁路和高速公路。采用经济地理学文献中广泛使用的绝对增长、空间集中、区域专业化指标（Meliciani 和 Savona，2015；Wu et al.，2019）衡量主要城市的知识密集型产业经济增长和空间动态。这三个指标互补地代表了样本城市知识密集型经济的发展情况。

　　本研究根据 Chen 和 Vickerman（2017）的定义衡量知识密集型经济。为了进行实证分析，并与构建的分析框架一致，每年观测知识密集型经济增长和空间动态指标，相关指标如下：（1）知识密集型产业的绝对就业（KEE），（2）地区层面知识密集型产业的就业份额（RshKEE），（3）区域层面知识密集型产业的就业区位商（LQKEE）。采用城市知识经济区域份额的变化来测度知识经济在更广泛区域内是否有集中或分散趋势。区位商用于衡量地区范围内国内专业化程度（O'Connor et al.，2018）。因此，这三个指标分别代表了知识密集型经济的绝对增长、空间集中及区域专业化。

　　将样本城市所在省和特大城市区域作为宏观空间尺度进行分析。根据中国"十二五"规划，四个省级城市也是三个特大城市区域的中心城市，即京津冀（北京、天津和河北）、长江三角洲（上海和江苏、浙江）和成渝（成都和重庆），其他主要城市为省会城市或省级经济中心。因此，将这三个指标与各自省份匹配，就可计算出主要城市在这三个指标中所占区域份额。若城市某一行业在该城市总就业人数中所占的比重大于该行业在该地区总就业人数中所占的比重，则该大城市在该行业中具有区域区位优势。地区层面知识密集型经济的就业份额（RshKEE）并不保证自身增长，如果知识密集型经济集中度低于其他工业部门，知识密集型经济的就业区位商(LQKEE)就会存在增长趋势。随着中国高铁的扩张,这三个指标互补地代表了知识密集型产业在样本城市的发展情况。RshKEE和LQKEE的公式分别见式(5.1)和(5.2)。

$$RshKEE_{it} = \frac{KEE_{it}}{KEE_{pt}} \qquad (5.1)$$

$$LQKEE_{it} = \frac{\dfrac{KEE_{it}}{TE_{it}}}{\dfrac{KEE_{pt}}{TE_{pt}}} \qquad (5.2)$$

其中 i 是城市, p 是城市所在地区, t 是时间指数。变量 KEE_{it} 和 KEE_{pt} 分别代表城市和地区的知识密集型经济就业, TE_{it} 和 TE_{pt} 代表相应的总就业水平。

第三节 高铁发展对知识密集型产业影响的模型构建

一、面板模型设定

本部分采用面板数据(2006—2020 年)回归模型研究高铁对知识密集型产业发展的影响。面板回归模型因其有效性在经济地理学文献中得到了广泛应用(Hsiao,2014)。在本研究中,面板模型中的因变量为三个知识密集型产业发展指标:(1)样本城市的绝对知识密集型产业就业(KEE),(2)知识密集型产业就业份额(RshKEE),(3)区域范围内知识密集型产业就业的区位商(LQKEE)。面板模型的一般方程如下所示:

$$Y_{it} = \sum_i \beta_i X_{it} + \mu + \varepsilon_t \qquad (5.3)$$

其中: Y 是因变量,为横截面中每个行政单位 $i(i=1,2,\cdots,N=33)$ 的 N_1 向量, $t(t=1,2,\cdots,t=14)$ 代表时间, X 是自变量的 N_t 矩阵。 β_i 为系数,

μ 为时间固定效应，ε 是误差项。

为避免自变量间的多重共线性，运用了方差膨胀系数（Variance Inflation Factor, VIF）对模型的多重共线性程度进行检验。Hausman 检验用于检验面板数据模型该采用固定效应还是随机效应进行估计，用 F 检验面板回归模型的总体信度。

二、变量定义

表 5.1 变量定义和基本统计量

分类	变量名	定义	平均数	标准差	平均数	标准差
因变量	KEE	全市就业人数（万人）	30.37	34.68	43.45	70.67
	RshKEE	城市在本地区就业中的份额	0.26	0.14	0.26	0.15
	LQKEE	城市 KEE 在区域中的区位商	1.04	0.18	1.07	0.24
列车服务	CRs	城市每日普通列车服务数量（n/10）	12.68	8.59	14.23	8.39
	HSR	城市每日高铁列车服务数量（n/10）	0	0	28.44	21.37
区域交通	ProHSRl	区域内高铁线路长度（1000 公里）	0	0	1123	466
	ProCRl	该地区普通铁路线路长度（1000 公里）	1598	3.97	3034	2.58
	ProMotorL	区域内高速公路长度（1000 公里）	1.84	1.13	5.05	2.06
城市经济结构	GDP	人均国内生产总值（万元）	3.20	1.44	8.97	2.88
	Tertiary	第三产业占国内生产总值的比重	0.48	0.07	0.58	0.09
	FDI	外商直接投资（亿美元）	12.64	12.78	32.67	41.54
城市资源与环境	Edu	高校在校生人数	0.063	0.007	0.074	0.009
	Pollution	年 $PM_{2.5}$ 浓度（微克/立方米）	41.97	17.15	40.49	16.08
其他效应	Time	年份	0	0	10	0
	HSRsl	城市高铁服务与区域高铁长度的互动关系	0	0	36.77	38.43
	CRsl	城市 CR 服务与区域 CR 长度的互动关系研究	41.25	45.58	61.85	68.17

表5.1 报告了模型中所需变量的定义和基本统计量。在变量选择中控制了影响知识密集型产业发展的重要变量。城市经济结构因素中包括:人均GDP(*GDP*)、外商直接投资(*FDI*)及第三产业比重(*Tertiary*),分析高铁对知识密集型产业就业机会的影响,预估这些变量系数为正(Fageda 和 Gonzalez-Aregall,2017;Liu et al.,2016)。城市资源与环境也是影响知识密集型产业发展的重要因素,也是中国企业和家庭选址决策的关键因素(Wu et al.,2019),主要表现为空气质量已成为城市的一个关键环境指标。因此,高空气污染预计会对城市或地区的生态环境发展产生负面影响,不利于知识密集型产业发展。教育资源影响一个城市的人力资本水平,预计对知识密集型产业发展产生积极影响。

回归模型中包含了高铁和普通铁路的列车服务频率作为变量。已有研究如坎帕等(Campa et al.,2018)、Chen 和 Hayne(2015)广泛使用高铁网络的区域长度作为主要变量,以衡量高铁发展的社会经济影响。高铁基础设施发展和列车服务频率影响了城市间的可达性水平(Moyano 和 Dobruszkes,2017;Wang et al.,2013)。与大城市相比,其他城市的高铁服务频率要低得多,部分城市的列车服务比高铁开通前更少(Cao 和 Zhu,2017),因此,小城市的旅客选择高铁出行的机会较少。因此,相对较低的时间可达性可能降低了高铁发展对当地经济活动的影响。如33个样本城市高铁发展状况显示,高铁列车频繁地服务于大城市,但三个不同区域城市的高铁服务频率存在较大差异。基于交通基础设施发展的多尺度效应(Banister 和 Thurstain-Goodwin,2011;Bellet 和 Urena,2017),将高铁、普通铁路及高速公路的区域存量作为额外变量,从整体交通基础设施发展角度分离出高铁对知识密集型产业发展的影响。最后,分别从影响铁路可达性的列车服务频率和铁路基础设施的区域存量两个维度,研究高铁对知识密集型产业发展和随时间变化的空间动态影响。

第四节　高速铁路对城市知识密集型
产业发展的作用

一、高铁对大城市知识密集型产业发展的影响

基于城市知识密集型产业就业增长及其在区域范围内的空间集中和专业化,采用面板数据回归模型,以分析高铁对知识密集型产业发展的影响。KEE、RshKEE、LQKEE 三个指标的检验结果显示,样本期间知识密集型产业就业与其区域份额在 5% 显著性水平上显著相关(相关系数为0.40—0.49,n=33)。根据检验多重共线性检验显示 VIF<4,表明模型中部存在显著的多重共线性问题(York,2012)。Hausman 检验表明,随机影响假设在1%的统计显著性水平上被拒绝,表明模型应采用固定效应模型进行估计,以控制那些不被观察到的便利对因变量的影响(Arbués et al.,2015;Fageda 和 Gonzalez-Aregall,2017)。此外,由于政策制定者并不是随机选择城市进行高铁建设,因此采用固定效应法进行回归分析比随机效应法更合适。

表5.2　高铁对知识密集型产业就业(KEE)的影响(对数)

	模型(1)	模型(2)	模型(3)	模型(4)	模型(5)	模型(6)	模型(7)
CR	0.001	0.001	0.002	0.004	−0.001	0.007	0.003
	(0.167)	(0.146)	(0.162)	(0.186)	(0.197)	(0.673)	(0.456)
HSR	0.001 ***	0.002 ***	0.003 ***	0.004 ***	0.003 ***	0.002	0.026 ***
	(0.077)	(0.101)	(0.101)	(0.034)	(0.034)	(0.045)	(0.057)
ProHSR		0.004	0.018	0.015	0.015	0.067	0.064
		(0.456)	(0.463)	(0.235)	(0.563)	(0.457)	(0.567)

续表

	模型（1）	模型（2）	模型（3）	模型（4）	模型（5）	模型（6）	模型（7）
ProCR		−0.013**	−0.013*	−0.014*	−0.016***	0.016	−0.07***
		（0.023）	（0.034）	（0.013）	（0.023）	（0.045）	（0.056）
ProMotor		0.017***	0.014***	0.014***	−0.002	0.028***	0.055***
		（0.056）	（0.067）	（0.035）	（0.056）	（0.024）
GDP			0.312***	0.298***	0.556***	0.127	0.367***
			（0.012）	（0.003）	（0.030）	（0.005）	（0.005）
Tertiary			0.307***	0.232**	0.993***	−0.218	−1.174
			（0.011）	（0.002）	（0.003）	（0.145）	（0.546）
FDI			0.034**	0.034**	0.018	−0.054	0.057**
			（0.002）	（0.004）	（0.237）	（0.013）	（0.002）
Edu			1.672*	1.589*	2.027**	4.297**	4.506
			（0.113）	（0.034）	（0.012）	（0.013）	（0.456）
Poll			0.095*	0.095*	0.198**	0.316*	1.076***
			（0.006）	（0.005）	（0.004）	（0.001）	（0.023）
HSR×proHSR				0.002***			
				（0.002）			
CR×proCR				−0.002			
				（0.023）			
年份效应	0.021***	0.014***	−0.005	0.002	−0.015	0.014	−0.004
	（0.014）	（0.004）	（0.234）	（0.078）	（0.346）	（0.563）	（0.235）
常数项	1.334***	1.336***	0.303*	0.346*	−0.466*	0.463	1.107***
	（0.004）	（0.003）	（0.004）	（0.002）	（0.021）	（0.456）	（0.002）
N	495	495	495	495	240	120	135
R2	0.246	0.235	0.467	0.379	0.634	0.456	0.346
Prob > F	0.000	0.000	0.000	0.000	0.000	0.000	0.000

注：10%、5%和1%水平的显著性分别用 *、**、*** 表示。

表 5.2 显示了 33 个样本城市高铁发展对知识密集型产业就业的影响。表中模型（1）—（4）采用的全部样本城市数据，模型（5）、（6）、（7）分别为采用东部、中部、西部城市数据的检验结果。结果表明，在各模型中，高铁服务频率均显著促进了知识密集型产业就业增长。然而，普通铁路服务频率、高铁区域存量及普通铁路网仅在部分模型中显著。高铁服务频率对知识密集型产业就业的影响系数伴随控制变量增加而增大，这表明在控制了其他变量的影响后，高铁服务对知识密集型产业就业的影响明显增大。结果表明，高铁发展对知识密集型产业就业有显著的正向影响，而普通铁路发展对知识密集型产业就业增长有显著的负向影响。

表 5.2 结果表明，人均 GDP、FDI 及教育水平对知识密集型产业就业具有显著正向影响。结果进一步表明，在样本城市中，知识密集型产业就业与经济发展水平和城市设施可用性（即教育）显著相关，受城市空气质量的因素（即污染水平）影响较小。

此外，模型（5）、（6）、（7）的检验结果表明，高铁对知识密集型经济的增长的影响具有显著区域差异。高铁列车服务频率对西部地区知识密集型产业就业的影响大于东部地区，而对中部地区影响不显著。高铁网络的区域存量对三个地区的知识密集型产业就业均无显著影响。普通铁路网络的区域存量对东部和西部的知识密集型产业就业产生显著负向影响，而对中部地区的影响不显著。高速公路的区域存量是中西部地区知识密集型产业就业的一个积极而显著的影响因素。

二、高铁对大城市知识密集型经济空间集聚的影响

表 5.3　高铁对知识密集型经济集聚（RshKEE）的影响

	模型（1）	模型（2）	模型（3）	模型（4）	模型（5）	模型（6）	模型（7）
CR	0.001	0.001	0.001	0.002	0.001	0.003	0.001***
	(0.345)	(0.356)	(0.245)	(0.345)	(0.167)	(0.634)	(0.429)

续表

	模型（1）	模型（2）	模型（3）	模型（4）	模型（5）	模型（6）	模型（7）
HSR	0.001 ***	0.001 ***	0.001 ***	0.002 ***	0.001 ***	0.001 ***	0.002 ***
	(0.015)	(0.102)	(0.101)	(0.163)	(0.123)		(0.005)
ProHSR		−0.004	−0.003	−0.004	−0.007	−0.044 ***	0.037 ***
		(0.005)	(0.005)	(0.023)	(0.045)	(0.193)	(0.023)
ProCR		−0.005 ***	−0.005 ***	−0.006 ***	−0.006 ***	0.0511	−0.033
		(0.023)	(0.103)	(0.151)	(0.123)	(0.103)	(0.033)
ProMotor		−0.001	−0.001	−0.001	−0.003	0.049 ***	−0.005
		(0.102)	(0.103)	(0.183)	(0.102)	(0.103)	
GDP			0.040 **	0.047 **	0.133 ***	−0.157 *	0.349
			(0.154)	(0.102)	(0.004)	(0.152)	(0.124)
Tertiary			0.070 **	0.050 *	0.169 ***	−0.768	−0.844
			(0.103)	(0.102)	(0.104)	(0.105)	(0.181)
FDI			0.003	0.003	0.001	−0.020 **	0.016 **
			(0.654)	(0.464)	(0.563)	(0.246)	(0.244)
Edu			0.453 *	0.465 *	0.362	3.417 ***	2.449 **
			(0.435)	(0.563)	(0.156)	(0.103)	(0.101)
Poll			0.017	0.018	0.024	0.053 *	−0.284
			(0.104)	(0.157)	(0.102)	(0.104)	(0.101)
HSR×proHSR				0.001 ***			
				(0.167)			
CR×proCR				0.000			
				(0.178)			
年份效应	0.003 ***	0.004 ***	0.001	0.001	−0.003	0.072 ***	0.029 ***
	(0.113)	(0.100)	(0.602)	(0.104)	(0.153)	(0.007)	(0.005)
常数项	0.242 ***	0.256 ***	0.093	0.078	−0.134	2.014	1.833 ***
	(0.103)	(0.123)	(0.156)	(0.156)	(0.105)	(0.167)	(0.006)

续表

	模型(1)	模型(2)	模型(3)	模型(4)	模型(5)	模型(6)	模型(7)
N	363	363	363		176	88	99
R2	0.129	0.137	0.161		0.203	0.845	0.856
Prob > F	0.000	0.000	0.000		0.000	0.000	0.000

注:10%、5%和1%水平的显著性分别用 *、**、*** 表示。

采用固定效应模型检验高铁对知识密集型产业(RshKEE)空间集中度的影响,具体检验结果见表5.3。表5.3中模型(1)—(4)采用全国城市样本,模型(5)、(6)、(7)分别采用东部、中部、西部城市样本。全国样本模型中,高铁服务频率对区域范围内城市知识密集型经济集中发展具有显著正向影响,而高铁网络区域存量的影响并不显著。高铁服务频率和高铁区域存量两个变量之间的交互作用也显示出显著正向效应。

表5.3中模型(5)、(6)、(7)的检验结果表明,高铁对知识密集型产业空间集中度的影响具有显著区域差异。在东部和中部地区,高铁服务频率对知识密集型产业集聚产生显著正向作用,而西部地区的关系则相反。区域高铁长度对西部地区知识密集型经济集聚有显著正向促进作用,而对中部和东部地区的影响为负且不显著。普通铁路的发展是一个影响较小的因素。普通铁路服务仅对西部城市知识密集型产业集聚产生显著正向影响,而在东部地区,普通铁路网络区域存量显著抑制了知识密集型经济集聚。

三、高铁对大城市知识密集型经济专业化的影响

表5.4 高铁对大城市知识密集型经济专业化(LQKEE)影响

	模型(1)	模型(2)	模型(3)	模型(4)	东部	中部	西部
CR	0.001	0.002	0.002	0.003	0.006	0.004	0.006***
	(0.453)	(0.453)	(0.342)	(0.189)	(0.187)	(0.457)	(0.003)

续表

	模型(1)	模型(2)	模型(3)	模型(4)	东部	中部	西部
HSR	0.005***	0.005***	0.005***	0.006***	0.005***	0.004**	-0.006
	(0.003)	(0.102)	(0.101)	(0.103)	(0.101)	(0.103)	(0.005)
ProHSR		-0.050	-0.061**	-0.063**	-0.146*	-0.061	0.210
		(0.456)	(0.456)	(0.157)	(0.178	(0.198)	(0.565)
ProCR		-0.013*	-0.020**	-0.022**	-0.038*	0.029	-0.059***
		(0.003)	(0.006)	(0.109)	(0.104)	(0.456)	(0.005)
ProMotor		0.010*	0.010*	0.009*	0.025*	0.065*	0.019 *
GDP			-0.006	0.163	-0.442	-0.482	-0.735
			(0.163)	(0.345)	(0.287)	(0.235)	(0.324)
Tertiary			0.664***	0.587***	0.653**	0.289	0.312*
			(0.003)	(0.006)	(0.056)	(0.785)	(0.107)
FDI			-0.021	-0.024	-0.035	0.052	0.077
			(0.345)	(0.546)	(0.546)	(0.157)	(0.189)
Edu			0.797	0.465	4.224	-0.061**	-1.709
			(0.457)	(0.674)	(0.345)	(0.108)	(0.334)
Poll			0.007	0.038	0.011	-0.066	-0.562
			(0.245)	(0.233)	(0.312)	(0.375)	(0.157)
HSR×proHSR				0.002***			
				(0.012)			
CR×proCR				-0.001			
				(0.178)			
年份效应	-0.004	-0.003	-0.005	-0.012	0.038***	0.035	-0.065
	(0.556)	(0.334)	(0.168)	(0.177)	(0.158)	(0.167)	(0.134)
常数项	1.013***	1.029***	0.829***	0.568**	1.423***	1.404**	0.631**
	(0.101)	(0.100)	(0.004)	(0.105)	(0.005)	(0.102)	(0.101)
N	363	363	363	363	176	88	99

续表

	模型(1)	模型(2)	模型(3)	模型(4)	东部	中部	西部
R2	0.176	0.164	0.273	0.216	0.625	0.705	0.687
Prob > F	0.000	0.000	0.000	0.000	0.00000	0.0000	0.0000

注:10%、5%和1%水平的显著性分别用 * 、** 、*** 表示。

采用固定效应模型估计高铁对样本城市知识密集型经济专业化(LQKEE)的影响,具体结果如表5.4所示。高铁服务频率在全国和地区模型中对知识密集型经济专业化均产生显著促进作用。高铁网络的区域存量对国家和东部地区模型的知识密集型经济专业化产生显著负向影响,但对中西部地区的影响不显著。这表明,高铁服务有助于促进知识密集型经济专业化,但高铁网络的扩展在全国范围内,尤其是在东部地区产生了相反影响。普通铁路服务频率仅在西部地区呈现出显著正向影响,而普通铁路网络的区域存量在除中部地区外的所有模型中都有显著负向影响。服务频率与高铁区域存量的交互作用对知识密集型经济专业化有显著正向影响,而服务频率与高铁区域存量的交互作用对知识密集型经济专业化有相反影响。因此,对知识密集型经济专业化而言,高铁服务频率是一个重要因素,而区域铁路基础设施的扩张则起到了调节作用。在三种类型的陆路交通基础设施中,只有高速公路的区域存量在国家和区域范围内对主要城市的知识密集型经济专业化产生了显著的积极影响。最后,在社会经济指标中,第三产业的比重对知识密集型经济专业化发挥显著正向影响。这主要基于知识经济是服务经济的重要组成部分,与其他服务部门存在密切联系。

第五节　研究结论

本部分研究了高铁发展对中国知识密集型产业就业、空间集聚及区域专业化的影响。近期实证研究表明,高铁发展有助于大城市提高区域可达性和潜在经济收益。与以往侧重于基础设施发展的研究不同,本部分将数字高铁下的网络服务频率和高铁里程纳入模型中,探讨高铁对知识密集型产业发展的影响(Diao,2018,Chen 和 Haynes,2017)。因此,本研究的结果进一步加深了我们对高铁服务频率和高铁运营里程如何影响知识密集型产业发展的理解。

结果表明,高速铁路服务和传统铁路网发展对知识密集型产业就业、集中度及专业化有不同的影响,而且这些效应在不同地区表现出显著区域差异性。首先,高铁服务频率对知识密集型产业的就业、空间集中及区域专业化三方面的影响具有显著差异。在较发达的东部地区,高铁服务对知识密集型产业就业、空间动态及专业化指标的积极影响显著。这一正向影响表明,高铁服务促进了东部城市的知识密集型就业、集中度及专业化,这是以牺牲大城市周边的其他城市为代价的。此外,高铁网络在区域尺度上的扩张对知识密集型产业增长和空间集中度有一定的影响。高铁对东部和中部城市知识密集型产业专业化和空间集中度表现为负效应,对西部城市知识密集型产业空间集中度产生正效应。高铁网络扩展与列车服务频率的交互作用在知识密集型产业的三个指标中均为正。这些结果表明,高铁网络的发展在中国主要城市的知识密集型产业发展中所发挥的作用比单纯的高铁服务更为多样化。相比之下,中国中部地区普通铁路服务对知识密集型经济增长和空间动态的影响不显著。在东部和西部地区,普通铁路扩张对知识密集型产业的增长和集中度产生消极影响。

高铁和普铁服务在运输市场上的分工不同,服务的旅客需要不同,因此两种运输方式对知识密集型产业的影响不同。传统铁路服务主要服务劳动密集型产业的劳动力,其较低的价格对这类劳动力具有吸引力,因此更有利于劳动密集型产业的发展。高铁高效安全的服务对时间要求但对价格不敏感的劳动力更具吸引力,从而有助于知识密集型产业发展(Zhen et al.,2018)。

研究结果进一步表明,高铁和普铁服务对东部发达地区知识密集型产业发展的促进作用大于中部和西部地区。与东部地区相比,中部地区的高铁开行频率低,西部地区的铁路密度和覆盖率最低。东部城市劳动力倾向于在服务业和制造业工作,而西部城市的劳动力倾向于在建筑业和农业工作。因此,结论与以往研究结果一致(Liu和Shen,2014;Shen和Liu,2016),高铁发展促进了欠发达地区高技能劳动力的外流,从而不利于这些地区知识密集型产业的发展。

已有研究表明,高铁服务对不同城市的效应不同,这可能是由于高铁服务在不同发展阶段的模式存在差异。佩尔和戈茨(Perl和Goetz,2015)总结了世界高铁服务网络的三种模式,即开放式走廊(如日本和英国)、混合网络(如法国和德国)及国家综合网络(如西班牙和中国)。此外,中国处于快速城市化进程中,高速、大规模地发展高铁网络,在东、中、西三大区域的铁路服务空间差异很大,这使得中国的高铁效应不同于其他高铁先驱国家。此外,随着高铁服务在西欧国家的引入,高铁服务水平已经显著下降,而在中国的交通运输中,高铁服务仍在增长并发挥关键作用。总的来说,高铁服务被用作提高运输效率,而传统铁路服务则用于解决运输平等问题。因此,协调高铁与普通铁路的服务网络,改善铁路服务供给的不均衡性,特别是在高铁密度远低于普通铁路密度的中西部地区,普通铁路服务可以作为高铁枢纽城市高铁服务的供给线。

检验结果表明,高铁对知识密集型产业空间集聚和专业化的影响在三个区域存在显著差异,其原因可能与全国服务业发展格局不平衡密切相关。钟和魏(Zhong和Wei,2018)指出,高端服务业增长主要集中在东部沿海地区,特别是发达大城市。与此同时,中国西部大部分城市仍处于工业化进程中(Panet et al.,2018;Zhao et al.,2015)。从结果来看,通过促进中国东部沿海地区尤其是关键知识密集型产业的增长,高铁似乎有了进一步加剧了西部地区服务业发展不平衡的问题。结果表明,除高铁发展外,社会经济因素(人均 GDP 和第三产业比重)对东部发达地区的知识密集型经济集聚发挥显著正向作用,而对中、西部地区的知识密集型经济集聚具有负向作用。因此,区域优势经济条件与高铁发展相结合,进一步促进了知识密集型产业发展。

此外,该研究证实了坎普斯和罗斯(Campos 和 de Rus,2009)、尹等(Yin et al.,2015)关于城市经济活动的集聚和分散都是高铁网络发展的合理结果。由于大城市仍处于建成区扩大过程中,高铁发展和城市增长动力也可能相互加强。中国与其他国家在经济发展阶段和高铁发展模式上的巨大差异,导致了高铁效应的不同表现形式。在欧洲国家,高铁在区域内和区域间知识密集型产业发展的再分配中发挥了重要作用(Chenet et al.,2019),这可能由于高铁促进了跨地区高技能劳动力流动。然而,在中国,高铁从快速城市化背景下不断增长的出行需求中获益。更重要的是,中国的高铁服务可以覆盖更多区域旅客。因此,高铁不仅具有再分配效应,而且具有孵化器效应,因为它显著提高了区域可达性,有助于扩大城市服务经济的潜在市场范围。

值得引起注意的是,研究结果表明,高铁服务频率对大城市知识密集型产业就业增长、空间集中及区域专业化有显著影响。然而,高铁网络的区域扩张对知识密集型产业绝对就业增长和空间集中度的影响微乎其微,对区域专业化的影响微乎其微。此外,区域高铁长度与高铁服务频率的交互作用对知识密集型经济增长和空间动态的指标都有正向影响。这意味着高铁网络总长度和服务频率是推动中国知识密集型经济活动增长和空间动态的互补因素。此外,三个区域内样本城市的知识密集型经济增长和空间动态对高铁发展的影响方式不同。具体而言,高铁服务频率对知识密集型经济空间集中度和专业化有正向影响,在东部发达地区影响最大,而高铁网络扩展对三个地区的知识密集型经济增长、空间集中度及专业化有不同的影响。结果表明,高铁服务频率对知识密集型经济增长和空间动态的影响大于区域高铁存量。因此,研究结果强调了服务频率对高铁经济效应的关键作用。

第六章　高铁驱动产业结构
优化升级的作用机制研究

　　一个区域产业结构的优化升级,与其区域内要素资源的空间配置效率密切相关。如何借助高铁建设促进区域产业结构优化升级,厘清高铁如何促进要素流动影响要素配置效率,并进一步影响产业结构发展变化成为关键问题。因此,本章从要素流动和空间资源配置视角分析高铁如何影响产业结构优化升级。

第一节　检验模型构建和变量说明

　　由前书检验可知,高铁开通对城市产业结构优化升级产生显著促进作用,为进一步分析高铁开通对产业结构升级的作用机制,借鉴巴伦和肯尼(Baron 和 Kenny,1986)的依次检验法(Causual Steps)构建模型如下:

$$Z_{it} = \alpha_1 HSR_{it} + \alpha_2 year_{it} + \alpha_3 HSR_{it} \times year_{it} +$$

$$\beta_j \sum X_{jit} + \mu_i + \lambda_t + \varepsilon_{it} \qquad (6.1)$$

$$Y_{it} = \alpha_4 HSR_{it} + \alpha_5 year_{it} + \alpha_6 HSR_{it} \times year_{it} +$$

$$\alpha_7 Z_{it} + \beta_j \sum X_{jit} + \mu_i + \lambda_t + \varepsilon_{it} \qquad (6.2)$$

式(6.1)和式(6.2)中 Z 表示中介变量,其他各变量与第六章中式(6.1)一致,第五章检验结果表明高铁作为客运专线,加速了劳动力要素流动,其中高技能劳动力资源的配置对产业结构优化升级尤为重要。从第一章高铁影响劳动力流动和产业结构升级的理论分析中得知,劳动力流动通过规模经济效应、技术创新效应及资本劳动配置效应对产业结构产生影响。本部分分别构建中介变量来检验高铁对产业结构的影响。首先,设中介变量 Z 为城市规模经济效应,采用企业生成率(cor)表示,具体采用对数化处理的城市企业数量的增长率测度。其次,设中介变量 Z 为技术创新效应,采用地区生产率(Pro)代表该城市技术创新水平。地区生产率采用随机前沿法(Stochastic Frontier Analysis,SFA)估计得出。最后,设中介变量 Z 为资本劳动配置效应,采用人均资本(cap)代表资本劳动配置效应。

第二节　机制检验

机制检验中,首先对式(6.1)进行回归,若系数 α_3 显著,表明高铁开通对城市规模经济效应、技术创新效应及资本劳动配置效应产生显著效应,估计结果见表6.1。接下来对式(6.2)进行检验,若 α_7 显著为正,表明高铁开通可通过规模经济效应、技术创新效应及资本劳动配置效应对产业结构优化升级产生影响,估计结果见表6.2。

表 6.1　机制检验 1

变量	cor	Pro	cap
HSR×year	0.037 *** (0.142)	0.098 *** (0.004)	0.018 *** (0.004)
控制变量	是	是	是
变量	cor	Pro	cap
时间效应	控制	控制	控制
地区效应	控制	控制	控制
观测值	4879	4879	4879
R-square	0.346	0.426	0.348
F 值	7.568	12.124	7.345

注:括号内为标准差,*** 、** 、* 分别为 1%、5%、10% 的显著性水平上显著。

表 6.2　机制检验 2

变量	(1)ISA	(2)ISR	(3)ISE	(4)ISA	(5)ISR	(6)ISE	(7)ISA	(8)ISR	(9)ISE
HSR× year	0.007 *** (0.013)	0.005 (1.002)	0.004 *** (0.103)	0.004 *** (0.041)	0.016 *** (0.342)	0.038 *** (0.111)	0.008 *** (0.011)	0.006 (0.001)	0.005 (0.103)
cor	0.332 *** (0.031)	2.456 *** (1.657)	0.424 *** (0.137)						
Pro				0.412 *** (0.467)	0.457 (1.002)	0.235 *** (0.002)			
cap							0.124 *** (0.347)	0.235 *** (0.622)	0.135 *** (0.322)
控制变量	是	是	是	是	是	是	是	是	是
时间效应	控制	控制	控制	控制	控制	控制	控制	控制	控制
地区效应	控制	控制	控制	控制	控制	控制	控制	控制	控制
观测值	4879	4879	4879	4879	4879	4879	4879	4879	4879
R-square	0.345	0.325	0.356	0.267	0.357	0.312	0.345	0.567	0.329

注:括号内为标准差,*** 、** 、* 分别为 1%、5%、10% 的显著性水平上显著。

在规模经济效应方面,表 6.1 检验结果表明,高铁对规模经济效应表现出显著正向作用。表 6.2 检验结果表明,高铁变量的系数均在 1% 显著性水平上显著为正,表明高铁通过规模经济效应对城市产业结构优化升级发挥作用。高铁开通后,一方面,城市可达性得到提升,吸引企业选址建厂;另一方面,可达性提高也会增加城市产业集聚效应,促进城市产业经济发展。由前文理论分析得出,当高铁扩散效应占主导时,中心城市的优质生产要素流入边缘城市,带动边缘地区产业发展,推动旅游经济向多点支撑、多极联动促进一体化模式发展。因此,表6.1和表6.2的检验结果表明高铁通过规模经济效应作用于产业结构效应。

从技术创新效应层面来看,表6.1检验结果表明,高铁对技术创新效应表现出显著正向作用。表6.2中结果显示,高铁开通显著提升了城市的地区生产率,地区生产率提升促进了当地产业结构的合理化、高级化及生态化水平提升。技术创新效应促进了产业结构高度化和生态化水平提升,但对产业结构合理化没有形成显著效应。高铁开通促进了知识和技术传播速度,降低了传播成本,并产生了知识和技术空间溢出效应。结果表明技术创新效应是高铁作用于产业结构优化升级的途径之一。

从资本劳动配置效应层面来看,表6.1结果显示高铁对资本劳动配置效应发挥显著促进作用,表明高铁开通提升城市可达性,增强了城市对人力资本的吸引力,提高了城市要素资源配置水平和效率。表6.2结果显示,高铁提高了产业结构水平,技术效应也显著提高了产业结构高度化、合理化及生态化水平,表明高铁在纳入资本劳动配置效应的影响下,依然对产业结构发挥显著促进作用。综上,资本劳动配置效应是高铁促进产业结构优化升级的中介效应。

第三节　机制分解

各城市的产业结构变动是由该城市的总产出变动和其内部每个产业的产出变动共同决定的。因此产业结构变动的实质是城市之间和城市内部产业资源的优化配置问题。接下来将产业结构的调整动力分为城市间和城市内资源优化再配置两部分,继续剖析高铁对产业结构升级的作用机制。借鉴贝利等(Baily et al.,1992)和周茂等(2016)的方法分别对第六章中产业结构高度化公式(6.6)、产业结构合理化公式(6.7)、产业结构生态化公式(6.9)进行一阶差分,将产业结构高级化、合理化、生态化指标的总变化分解为城市间产出变化、城市内产出变化及误差项三部分,误差项表示产业的进入或退出。将分解后的变量分别代替原来的产业结构高度化、合理化及生态化变量重新对中介效应模型进行检验。具体结果见表6.3、表6.4-1、表6.4-2、表6.4-3。

表6.3　机制检验

变量	cor	Pro	cap
HSR×year	0.038 *** (0.107)	0.087 *** (0.002)	0.056 *** (0.003)
控制变量	是	是	是
时间效应	控制	控制	控制
地区效应	控制	控制	控制
观测值	4879	4879	4879
R-square	0.335	0.478	0.324
F 值	7.579	12.124	7.379

注:括号内为标准差,***、**、*分别为1%、5%、10%的显著性水平上显著。

表6.4-1　分解后产业结构高度化机制检验

变量	城市内 ISA	城市间 ISA	ISA 误差项	城市内 ISA	城市间 ISA	ISA 误差项	城市内 ISA	城市间 ISA	ISA 误差项
HSRN× year	0.006 *** (0.013)	−0.003 *** (2.002)	0.004 *** (0.100)	0.006 *** (0.023)	0.026 *** (0.301)	0.015 *** (0.002)	0.006 *** (0.009)	0.005 *** (0.003)	0.005 (0.253)
cor	0.442 *** (0.034)	0.256 *** (1.624)	0.125 *** (0.168)						
Pro				0.429 *** (0.037)	0.468 *** (0.024)	0.256 * (0.014)			

续表

变量	城市内ISA	城市间ISA	ISA误差项	城市内ISA	城市间ISA	ISA误差项	城市内ISA	城市间ISA	ISA误差项
cap							0.156*** (0.257)	0.297*** (0.002)	0.156*** (0.262)
控制变量	是	是	是	是	是	是	是	是	是
时间效应	控制	控制	控制	控制	控制	控制	控制	控制	控制
地区效应	控制	控制	控制	控制	控制	控制	控制	控制	控制
观测值	4879	4879	4879	4879	4879	4879	4879	4879	4879
R-square	0.356	0.378	0.348	0.289	0.335	0.379	0.313	0.536	0.367

注:括号内为标准差,*** 、** 、* 分别为1%、5%、10%的显著性水平上显著。

表 6.4-2 分解后产业结构合理化机制检验

变量	城市内ISA	城市间ISA	ISA误差项	城市内ISA	城市间ISA	ISA误差项	城市内ISA	城市间ISA	ISA误差项
HSRN× year	0.008*** (0.003)	0.004 (0.045)	0.006*** (0.250)	0.006*** (0.013)	0.017*** (0.034)	0.024*** (0.023)	0.006*** (0.015)	0.008 (0.002)	0.005 (0.101)
cor	0.345*** (0.003)	2.414*** (1.023)	0.356*** (0.112)						
Pro				0.245*** (0.236)	0.367*** (0.013)	0.212* (0.004)			
cap							0.145*** (0.023)	0.114*** (0.113)	0.134*** (0.303)
控制变量	是	是	是	是	是	是	是	是	是
时间效应	控制	控制	控制	控制	控制	控制	控制	控制	控制
地区效应	控制	控制	控制	控制	控制	控制	控制	控制	控制
观测值	4879	4879	4879	4879	4879	4879	4879	4879	4879
R-square	0.308	0.309	0.334	0.256	0.389	0.335	0.344	0.534	0.344

表 6.4-3　分解后产业结构生态化机制检验

变量	城市内ISA	城市间ISA	ISA误差项	城市内ISA	城市间ISA	ISA误差项	城市内ISA	城市间ISA	ISA误差项
HSRN×year	0.005*** (0.006)	0.007 (0.003)	0.006*** (0.106)	0.007*** (0.023)	0.015*** (0.045)	0.056*** (0.091)	0.006*** (0.004)	0.007 (0.013)	0.007 (0.134)
cor	0.356*** (0.013)	0.457*** (1.023)	0.484*** (0.123)						
Pro				0.354*** (0.423)	0.445*** (1.005)	0.232* (0.012)			
cap							0.156*** (0.303)	0.203*** (0.602)	0.103*** (0.301)
控制变量	是	是	是	是	是	是	是	是	是
时间效应	控制	控制	控制	控制	控制	控制	控制	控制	控制
地区效应	控制	控制	控制	控制	控制	控制	控制	控制	控制
观测值	4879	4879	4879	4879	4879	4879	4879	4879	4879
R-square	0.345	0.367	0.306	0.298	0.350	0.313	0.304	0.534	0.323

表6.3和表6.4-1中介效应的检验结果表明,城市间资源的优化再配置是高铁推动城市产业结构高级化的主导力量。高铁完善了传统交通基础设施网络、优化了物流网络结构和空间布局,促进劳动力、信息、知识等资源在城市间重新优化配置,从而促进产业结构布局得到不断优化。资源优化配置促进了产业结构中劳动密集型现代化服务业迅速发展,促进城市产业结构高级化。

表6.3和表6.4-2的检验结果表明,城市内产业间资源再配置是高铁促进产业结构合理化的主导作用机制。可能的主要原因为:第一,高铁加强了劳动力要素的流动性,尤其是高技能劳动力流动得到进一步提高,劳动力要素在城市集聚,增加产业劳动力市场的竞争程度,也在不断竞争中使产业结构和就业结构协调发展。第二,劳动力集聚也促进了企业之间人力资本、实物资本等资源共享和协调发展,促进了企业专业化分工不断深化,促进优质

劳动力和资本要素向专业化分工较高的部门转移,促进产业结构合理化。

表6.3和表6.4-3的检验结果表明,城市内产业间资源再配置是高铁促进产业结构生态化的主导作用机制。可能的主要原因为,第一,高铁开通促进了技术、知识、信息的传播,降低了高技能劳动力面对面交流成本,促进了城市内不同产业生产技术的提升,降低了生产能耗,促进了产业结构生态化。第二,高铁自身是一个绿色化、现代化交通运输系统,高铁出现增强了客运能力,替代了传统低效率客运的同时,也释放了铁路货运能力,促进了绿色物流。由于物流成本在总成本占主要份额,物流绿色化促进了产业结构绿色化发展。

第四节　研究结论

本部分从资源再配置视角对高铁建设影响地区产业结构升级的机制进行研究。从要素资源配置来看,高铁开通加速了劳动力流通,并且通过要素资源的配置作用,促进产业结构由低级向高级的动态转变。通过中介效应模型检验高铁建设的资源再配置效应发现,劳动力流动通过规模经济效应、技术创新效应及资本劳动配置效应对产业结构产生影响。进一步将产业结构的调整动力分为城市间和城市内资源优化再配置两部分,继续剖析高铁对产业结构升级的作用机制。结果发现城市间资源的优化再配置是高铁推动城市产业结构高级化的机制的主导力量,城市内产业间资源再配置是高铁促进产业结构合理化的主导作用机制,城市内产业间资源再配置是高铁促进产业结构生态化的主导作用机制。

研究结果表明高铁对产业结构升级的影响机制与要素资源配置密切相关。高铁能否通过作用机制对产业结构发挥作用既受到地区原有的禀赋和发展条件影响,也受到地区产业政策、政府偏好等因素的影响。因此,要有针对性地差别化引导要素流动,提高不发达地区要素的边际产出效率,改善资本与劳动力的产业间配置和区域间配置,把区域间要素边际生产率的落差转化为产业结构升级的巨大空间。

第七章　高铁建设、劳动力流动促进产业结构优化升级的路径

　　产业结构优化升级不仅是推动中国经济高质量增长的关键举措,也是新时代背景下经济工作的重要任务,更是提升我国经济综合竞争力的必要条件。高铁建设在"十四五"期间仍是我国交通基础设施建设的重头戏,国家还会继续完善高铁网络。高铁建设提高资源配置效率,促进地区间产业分工深化,是催生产业升级和经济发展的新动力,但是并不意味着所有城市在高铁开通后都能实现理想预期效果,我国高铁建设伴随着发达地区的产业转移和结构升级的大趋势,相较于现有基础差的地区,高铁开通更加优化了经济发展基础相对较好的城市的要素配置。大国经济环境下区域巨大的资本、技术与基础设施等条件的阶梯性差异决定了中国产业结构优化升级的特殊性。本部分对研究结论进行总结,并结合结论提出政策建议。

第一节 高铁建设、劳动力流动对产业结构
优化升级效应的研究结论

一、高铁对高技能劳动力流动的影响

高铁显著促进高技能劳动力流动,但在不同经济区域和不同城市类型间高铁对高技能劳动力流动的作用存在显著差异。具体为:从区域层面,高铁有助于东部地区吸引高技能劳动力,但是加剧了中西部地区和东北地区的高技能劳动力流失,不利于这些区域劳动力资源优化配置;从城市规模层面,高铁开通增强了大城市对中小城市高技能劳动力的虹吸效应,大城市凭借高铁优势能获得更多高技能劳动力流入。

高铁建设对劳动力要素的空间配置具有"双刃剑"效应。虽然高铁对高技能劳动力发挥了促进效应,但在不同城市效应具有差异性。高铁在促进东部城市和大城市人才集聚的同时,也加剧了其他城市的高技能人才流失,不利于城市要素资源配置空间均衡发展。

从高铁对高技能劳动力空间效应角度,无论在地理距离临近还是经济距离临近情况下,东部地区和大城市高铁开通都不仅提升了该城市的高技能劳动力流动水平,还对与其邻近城市存在显著的空间溢出效应,而中部、西部及东北地区城市及中小城市的空间溢出效应不显著。效应分解后,东部地区、大城市高铁对高技能劳动力流动的间接效应大于其直接效应,且间接效应占总效应很大一部分比重,表明高铁对地理距离临近和经济距离临近城市高技能劳动力流动的空间溢出效应大于其对自身的直接效应。

高铁对高技能劳动力流动的作用机制检验发现,高铁通过增加企业数量和规模两种渠道显著增强高技能劳动力流动。即高铁开通既会通过影响企

业数量和企业规模间接影响城市的高技能劳动力流动水平,也会直接影响城市的高技能劳动力流动水平。

二、高铁对农村劳动力流动的影响

高铁因素中是否开通高铁、高铁的开通班次、调查对象对高铁的态度都对农村劳动力流动发挥显著促进作用。较高受教育程度、男性、已婚、年轻、健康身体条件等因素都显著促进了农村劳动力流动到城市从事务工劳动,家庭因素中家庭健康支出、最大经济支出、成员的最高受教育程度提高了务工选择概率,而家庭经济地位对农村劳动力流动选择产生抑制作用。农业补贴对农民流动发挥显著负向冲击作用,务工和务农的预期收入差距越大,农村劳动力流动的概率就越大。

农村劳动力务工或务农行为选择受诸多因素的综合影响,其中既有高铁和农业补贴的外生冲击,又有农村劳动力个体和家庭、务工与务农收入差距的影响。整体来看,伴随我国高铁网络的不断完善,城市化进程的不断推进,第二、第三产业高速发展,农业收入受生产成本和生产方式的影响逐步下降,农村劳动力流动整体呈显著增强趋势。

三、高铁建设、劳动力流动对产业结构升级的影响

第一,整体而言,高铁促进了产业结构优化升级。高铁显著促进了产业结构高度化和生态化,但不利于产业结构合理化。在采用改变样本范围、改变核心解释变量高铁的测度方法、改变权重矩阵等一系列稳健性检验后,表明结果具有稳健性。

第二,高铁的产业结构优化升级效应具有城市异质性。在城市地理区位层面,高铁显著促进东部城市的产业合理化,但抑制了其产业生态化改善。高铁促进了中部城市产业结构高度化和生态化水平,但不利于产业结构合理化。高铁显著促进了西部城市产业生态改善,但对产业结构高度化和合理化水平未能体现出显著影响。在城市规模层面,高铁对大城市的产业结构合理

化产生抑制作用,对产业结构高度化和生态化的影响并不显著。高铁对中小城市的产业结构高度化和生态化产生显著促进作用,但对产业结构合理化的影响并不显著。

第三,高铁对知识密集型产业就业、集中度及专业化有不同的影响,而且这些效应在不同地区表现出显著区域异质性。首先,高铁服务频率对知识密集型产业的就业、空间集中及区域专业化的影响具有显著差异。高铁服务对东部城市知识密集型产业就业、空间动态及专业化产生显著积极效应,表明高铁服务促进了东部城市的知识密集型就业、集中度及专业化,但这是以牺牲大城市周边的其他城市为代价的。第二,高铁网络在区域范围扩张对知识密集型产业增长和空间集中度有一定的影响。高铁对东部和中部城市知识密集型产业专业化和空间集中度表现为负效应,对西部城市知识密集型产业空间集中度产生正效应。第三,高铁网络对中国主要城市的知识密集型产业发展的作用比高铁服务更多样化。相比之下,中国中部地区普通铁路服务对知识密集型经济增长和空间动态的影响不显著。在东部和西部地区,普通铁路扩张对知识密集型产业的增长和集中度产生消极影响。

第四,高铁仍显著促进了城市产业绿色发展,且在总效应中间接效应占主体份额。高铁开通能够促进资源型城市产业绿色发展,且对周边城市的空间溢出效应大于对城市自身的空间效应;高铁在成熟型资源城市和再生型资源城市对产业绿色发展具有显著正向作用,但在成长型资源城市却呈现出显著负向作用;高铁开通对中心节点城市的产业绿色转型具有促进作用,空间总效用中间接效应占主要份额;对非中心节点城市的产业绿色转型具有显著抑制作用。

四、高铁驱动产业结构优化升级的作用机制研究

高铁开通加速了劳动力流通,并且通过要素资源的配置作用,促进产业结构由低级向高级的动态转变。通过中介效应模型检验高铁建设的资源再配置效应发现,劳动力流动通过规模经济效应、技术创新效应及资本劳动配

置效应对产业结构产生影响。将产业结构的调整动力分为城市间和城市内资源优化再配置两部分，继续剖析高铁对产业结构升级的作用机制，发现城市间资源的优化再配置是高铁推动城市产业结构高级化的主导作用机制，城市内产业间资源再配置是高铁促进产业结构合理化的主导作用机制，城市内产业间资源再配置是高铁促进产业结构生态化的主导作用机制。

高铁能否通过作用机制对产业结构发挥作用受到地区原有的禀赋和发展条件的影响，也受到地区产业政策、政府偏好等因素的影响，这些因素影响高铁对要素资源的配置效应，进而影响要素在产业间配置和区域间配置，影响区域产业结构优化升级进程。

第二节　提升高铁驱动下高技能劳动力配置效率

高铁是近年来中国交通基础设施建设史上的标志性事件，并且在"十四五"期间还将保持高位运行。本研究关于高铁对高技能劳动力流动效应的分析，可以帮助我们更深入地从改善交通设施角度探讨有关高技能劳动力要素分配的政策建议和措施，从而为更好进行优化产业结构提供人力资本支撑。

一、进一步带动高技能劳动力合理有效市场配置

发挥高铁网络优势，进一步降低高技能劳动力流动成本，畅通要素流通渠道。研究发现高铁开通引致的市场规模扩大及企业数量增加和企业规模变大是影响高技能劳动力流动的重要渠道。一方面，各级政府要重视和加强高铁网络建设，积极发挥高铁发展带来的市场区位优势，促进企业发展，带动高技能劳动力合理有效的市场化配置。另一方面，加大高铁网络覆盖面，让高铁建设红利惠及更多城市，促进劳动力要素在更广阔范围内流动，提升劳动力要素市场化配置水平。

二、缩小高技能劳动力要素配置区域差距

完善并合理化高铁布局,加强高铁配套设施建设,缩小高技能劳动力要素配置的区域差距。高铁开通后,在促进东部地区吸纳高技能劳动力的同时,加剧了中部地区、西部及东北老工业区的人才流失。为防止地区间劳动力要素配置不平衡进一步加剧,应合理规划高铁布局并加强高铁配套设施建设。一方面,在东部和大城市高铁网络越织越密的鲜明对比下,加快完善中西部地区、东北地区及中小城市的高铁网络建设,使更多城市联入高铁网络。另一方面,加强高铁配套设施建设。加强中西部地区及中小城市高铁配套设施建设,使高铁真正便于劳动力流动,扩大高铁的辐射范围;对于东北老工业区,则还需要加强产业结构转型升级需求与高铁建设的配套,以增加城市对高技能劳动力的吸引力。

三、优化本地人力资本配置

不同类型城市要针对自身高铁建设情况,因地制宜,充分利用好高铁的高技能劳动力流动效应,优化本地人力资本配置。经济高质量发展需要高质量的人力资本配置。大城市要利用其高铁先发优势,制定高铁沿线企业投资优惠政策,激活当地人力资本,充分发挥高技能人才的潜能。中小城市要通过不断提升自身的综合优势,在降低优质要素流失的同时,加大高技能劳动力培养力度,提高人力资本水平。

四、依托综合立体交通网络畅通人才流动渠道

构建综合立体交通网络,畅通人才流动渠道,打通现代产业体系中人才流动的关键断点、堵点。要充分发挥高铁的要素流动效应需实现与其他交通运输方式的有效结合和相互促进,政府重视加快构建综合立体交通网络,不仅可降低劳动力要素流动成本,也降低了资本、信息等要素流动成本。因此,加快构建综合立体交通网络,畅通人才流动运输渠道。

第三节 增强高铁驱动下农村劳动力要素配置效率

农村劳动力的务工或务农行为选择都是为了获得更高收入,因此要引导农村劳动力在不同部门间合理流动,促进农村劳动力要素的市场化配置,有助于产业结构优化升级。依据本研究的实证研究结果,结合我国高铁网络建设现状,提出政策建议。

一、完善高铁网络促进农村劳动力配置

首先,加强并完善高铁网络,推动高铁分布更加均衡。高铁不仅是驱动地级市经济发展的强劲动力,也是促进农村劳动力合理流动的重要力量。高铁显著促进了农村劳动力的务工选择概率,一方面缓解了城市低技能劳动力的用工需求,另一方面增加了农民收入,促进农村经济发展。因此,从高铁网络完善角度,根据中国高铁建设情况和实际需要,高铁仍不能满足人民需求,高铁建设还需要加强。其一,吸引农村劳动力最多的高铁重要枢纽城市,要充分利用其交通枢纽的优势地位,增加高铁的要素流动效应,不断吸纳有效农村劳动力,同时促进城市高铁经济对农村经济发展的辐射效应,提高农民收入。其二,重要高铁沿线地级市,要充分发挥高铁设站优势,利用高铁站带来的经济要素流动,促进城市化发展,带动周围农村就业,解决农村劳动力就业问题。其三,第三类地级市即新设站不久的城市,这类城市相对高铁设站较晚,所在地级市的农村劳动力通常已选择到较发达的高铁枢纽或高铁沿线城市务工,高铁发展带来了这类城市产业结构升级,也吸引了一部分农村劳动力向本地级市的回流,农村劳动力的务工流动方向得到了调整。其四,第四类地级市是至今未能开通高铁的城市,这类地级市往往是农村劳动力主要流出地,应加快高铁网络建设,使这些城市联入高铁网络,带动周边农村经济

发展,引导农村劳动力流动均衡发展。

二、增强农村劳动力吸收高铁经济效应的能力

加强农村与高铁城市的联系,增强农村劳动力吸收高铁经济效应的能力。增强农村与高铁的接驳能力,疏通农村与城市之间人、财、物、信息流通渠道,助力农村劳动力及时获得更高收入机会。加强农村基础设施建设,加强农村能源、交通、信息等方面基础设施建设,增强与高铁城市的连接效应,提高农村对城市高铁效应的吸收能力。积极利用当地产业和劳动力优势,借助高铁效应,吸引投资、引导农村劳动力回乡创业就业,促进劳动力合理自由流动。

三、加强农村劳动力职业技能培训

提高农村九年义务教育的质量水平,加强农民职业技能培训。研究结果表明,农民个体的受教育程度是影响其收入的重要因素,家庭成员的最高受教育程度是务工选择的带动因素。农村劳动力中缺乏受教育程度较高的劳动力,缺乏成人教育和劳动技能培训,农村地区职业教育办学质量落后,对农村青少年缺乏吸引力,导致农村劳动力缺乏劳动技能,且思想较为落后,只能依赖从事低技能劳动获取收入。其一,提高农村劳动力的受教育水平,提高农村劳动力中接受高等教育的比例,受教育水平的提高是获得非农就业机会的重要前提,有助于农民在非农就业中获得比较优势,提高工资性收入水平。其二,保障农村地区九年义务教育质量,强化农村劳动力职业技能培训。提高农村地区教育质量,保障农村家庭适龄儿童接受九年义务教育。对已经完成九年义务教育但并未获得更高受教育机会的农村居民,开展职业技能培训,增强农民的参与培训意识,使其掌握一技之长,增强获取更高收入的竞争力。

第四节　产业结构优化升级路径

一、协调高铁建设与产业结构转型升级的同步性

在中国高铁大规模建设和产业结构调整加快、经济发展方式转变并行的历史进程中，要协调高铁建设与产业结构转型升级的同步性，继续通过发展和优化高铁网络来提高资源配置效率，以改革创新深度挖掘和持续释放高铁开通的资源再配置效应，为经济发展新常态下产业结构升级和高质量发展提供支撑力量。值得注意的是，2020 年 4 月，中共中央、国务院发布的《关于构建更加完善的要素市场化配置体制机制的意见》中指出，引导劳动力要素合理畅通有序流动，其中包括深化户籍制度改革。破除制度性的牵制和束缚，可以顺应高铁带来的人力资本流动性的需求，加快智力资源的流动和共享，为产业结构升级提供人力和技术支撑。

二、政府引导地区要素资源合理配置

第一，政府引导地区要素资源的合理配置，防止高铁中心城市产生的"虹吸效应"过大。高铁的开通可加快要素资源的跨地区流通，但由于高铁中心城市的"虹吸效应"增强，导致大量的要素资源从边缘区聚集到中心区，反而会抑制边缘区产业结构的高级化及合理化进程，甚至进一步加剧地区间的非平衡化发展。因此，各地方政府应结合自身产业发展比较优势，出台相关政策对要素资源进行适当引流。

第二，在市场决定要素流动的前提下，政府要有针对性地差别化引导要素流动。高铁对产业结构升级的机制发挥是有条件的，一方面与地区原有的禀赋和发展条件有关，另一方面受地区产业政策、政府偏好等因素的影响。

因此,提高中西部地区要素的边际产出效率,改善资本与劳动力的产业间配置和区域间配置,把区域间要素边际生产率的落差转化为产业结构升级的巨大空间。

三、降低高铁对产业合理化的不利效应

降低高铁开通对产业结构合理化带来的不利影响。高铁在促进产业结构高度化和生态化的同时,对产业结构合理化的抑制作用需引起重视。一方面,继续加强并合理引导利用高铁对产业结构高度化和生态化的作用。另一方面,需强化高铁对产业结构高度化和生态化的促进作用,并降低高铁对产业结构合理化的负面效应。加强高铁对要素资源的配置作用,通过高铁带来的知识和技术交流提升产业结构中服务业的优势地位,通过高铁加强高技能劳动力面对面交流的机会,加强降低能耗和清洁技术的交流,促进产业结构生态化水平。值得注意的是,各城市在加强高铁这一现代交通基础设施的同时,要加强自身资源的优化配置,防止资源流失和配置不合理现象,加强产业结构的合理化发展。各城市应充分利用高铁创造的条件,促进城市群间社会经济联系,并在准确定位自身的基础上充分考虑产业分工合作,从而提高资源的合理配置和加强产业关联程度。具体而言,大城市应该主动将低端产业向周边中小城市转移,留出更多空间发展现代服务业;中小城市则可结合自身特点和发展现状,承接适合当地发展的转移产业,优化生产力的空间布局,形成合理的产业分工。

四、高铁运力促产业绿色转型

第一,稳步推进高铁网络建设,加强既有线路改造和新建线路建设,助力产业绿色转型。强化高铁在促进产业生态化中的作用,立足新发展格局要求,适应绿色产业链和创新链发展要求,合理规划高铁交通线路,进一步完善现有的高铁网络的同时,加快慢速和普速列车提速,提升城市可达性,提升要素资源流动效率,为各城市产业绿色发展创造交通运输条件。

第二，坚持落实系统观念，加快运输结构调整力度，促进绿色物流发展，助推产业绿色转型。进一步统筹各种运输方式，根据生态文明建设要求，加大运输结构调整力度，大力发展"公转铁"，充分发挥高铁在承接客运、释放铁路货运能力的作用，落实中央财经委员会第八次会议要求，加强高铁货运能力建设，积极发展绿色物流，打造区域绿色物流枢纽，积极建设绿色物流网络。同时，加大政策引导，促进企业加快运输结构调整，降低公路运输在货物运输结构中的占比，通过绿色物流的发展推动企业绿色转型。

第三，加强政策引导，促进城市联动机制，实现高铁均衡，促进不同类型城市产业绿色转型。在全流域的统筹协调发展目标下，严格落实不同城市产业发展定位，分类施策，进一步完善非中心节点城市的配套政策和基础设施建设，引导中心节点城市的资金、技术向非中心节点城市有序转移，充分发挥高铁对城市产业绿色转型的积极带动作用，在更大范围内推动产业绿色转型。地方政府需高度重视高铁带来的发展契机，由于不同类型的资源型城市在基础设施更新、产业结构及能源结构调整方面的不同，产业绿色转型存在差异，因此应根据城市的不同资源禀赋和发展特点，有针对性地制定绿色发展转型之策，积极推行当地企业可承受的绿色转型方案。

五、构建多中心的城市群产业结构升级的空间协调路径

加快构建多中心的城市群产业结构升级的空间协调路径，推动基于区域经济一体化进程的区域协调发展机制，促进现代化区域治理的真正形成。城市群是中国新型城镇化的主体形态，大城市尤其是中心大城市的发展，其意义并不仅仅在于城市自身的产业结构升级，更重要的是发挥中心大城市的辐射带动作用，引领并推动整个城市群的产业结构升级。长远来看，系统的创新城市群战略下的城市行政区管理模式，以长效化机制保障区域合作，促进生产要素的优化配置，才是协调高铁建设与产业结构升级并行进程中消除不平衡空间效应的关键。

六、优化高铁空间布局和效益

优化高铁布局和效益。一是国家应继续推进高铁这一重要战略基础设施投资项目，实现重要中小节点城市与大城市的互联互通，形成以大城市为支点覆盖中小城市的高速铁路网，为区际通达性的延伸和高铁经济效应的发挥进一步创造条件。二是充分把握高铁网络形成后的城市空间格局，加强不同地区的人才、知识、技术交流，让专业人才成为环保生产和清洁技术的创造者和改进者，让高铁成为先进知识和信息技术的运输媒介和传播渠道，引导产业向更加清洁、节能和环保的方向发展，构建高效节能、先进环保和资源循环利用的绿色产业体系，实现产业的绿色可持续发展。

七、依据城市自身异质性优化产业结构

由于高铁对产业结构优化升级的影响在不同规模、不同地区、不同等级城市间存在异质性，各城市应结合自身的区位优势、产业发展目标、技术发展水平等，具体分析高铁建设对当地发展所造成的影响，充分发掘自己的比较优势和竞争优势，培育当地特色产业和优势产业，发展壮大地区主导产业。例如节点旅游城市可以凭借高铁开通带来的新机遇，提升酒店餐饮等服务的质量并着力打造以旅游资源为主体的经济发展模式。

第一，加快完善国内高速铁路网建设，尤其西部地区需要完善高速铁路网建设。通过完善高速铁路网来强化城市间经济连通性，更好地发挥高铁媒介作用。这就有利于东部地区的经济溢出效应高效快速地扩散到中、西部地区，从而改变西部地区落后的管理经营理念，淘汰落后生产方式。

第二，东部地区应充分利用自身高铁网络密集优势地位，提升高铁对产业结构合理化的效应，降低对产业结构生态化的负面影响。中部地区需在高铁建设的同时，降低来自东部城市的虹吸作用，加强城市自身资源优化配置，防止资源过度向高铁建设倾斜，降低高铁对产业结构合理化的抑制作用。西部地区需加强高铁网络建设，使更多城市联入高铁网络，增加高铁密度，充分

发挥高铁的产业结构优化升级的带动作用。

第三,对不同规模城市来说,大城市应充分利用高铁带来的高技能劳动力和农村劳动力,促进服务业发展,降低工业能耗,不断提升第三产业在 GDP 中的占比。同时加快技术革新,加大能耗降低幅度,加快产业生态发展。中小城市中高铁对产业结构合理的效应并不显著,中小城市则可结合自身特点和发展现状,承接适合当地发展的转移产业,优化生产力的空间布局,形成合理的产业分工。

第四,各地区应抓住高铁这一有利契机积极调整自身结构,增强经济发展后劲。中心区城市要借助高铁开通吸引大量要素资源集聚,凭借要素资源优势率先发展服务业和现代化产业,实现产业结构高度化合理化,以此保持经济发展中的领头羊地位,而边缘区也需要借机加快吸收消化来自东部地区的新技术、先进管理经验及经营模式,并承接好东部地区的产业转移,以此淘汰自身落后产业和加速产业升级换代。

参考文献

[1]巴顿:《运输经济学》,商务印书馆 2001 年版,第 89—90 页。

[2]费尔南多·奥古斯都·阿德奥达托·韦洛索、莉亚·瓦尔斯、佩雷拉:《跨越中等收入陷阱:巴西的经验教训》,经济管理出版社 2013 年版,第 4 页。

[3]林晓言:《高铁与经济社会发展新格局》,社会科学文献出版社 2015 年版,第 19—21 页。

[4]林毅夫、蔡防、李周:《中国奇迹:发展战略与经济改革》,上海人民出版社 1999 年版,第 26—27 页。

[5]罗斯托:《这一切是怎么开始的——现代经济的起源》,商务印书馆 1977 年版,第 129 页。

[6]尼科尔森:《制度分析与发展的现状》,商务印书馆 1992 年版,第 4—5 页。

[7]钱纳里、鲁宾逊、赛尔奎恩:《工业化与经济增长的比较》,上海人民出版社 1995 年版,第 50—51 页。

[8]西蒙·库兹涅茨:《现代经济增长理论》,北京经济学院出版社 1991 年版,第 133—134 页。

[9]熊彼特:《经济发展理论》,商务印书馆 1990 年版,第 73 页。

[10]薛安伟:《要素引进下产业升级的路径》,上海人民出版社 2016 年版,第 8 页。

[11]张文忠:《经济区位论》,科学出版社 2000 年版,第 41—45 页。

[12]卜元超、吴利华、白俊红:《高铁开通、要素流动与区域经济差距》,《财贸经济》2018 年第 6 期。

[13]陈丰龙、徐康宁、王美昌:《高铁发展与城乡居民收入差距:来自中国城市的证据》,《经济评论》2018 年第 2 期。

[14]陈婧、方军雄、秦璇:《交通发展、要素流动与企业创新——基于高铁开通准自然实验的经验证据》,《经济理论与经济管理》2019 年第 4 期。

[15]陈长石、姜廷廷、刘晨晖:《高铁开通影响科技企业进入了吗?》,《经济科学》2021 年第 3 期。

[16]邓慧慧、杨露鑫、潘雪婷:《高铁开通能否助力产业结构升级:事实与机制》,《财经研究》2020 年第 6 期。

[17]邓涛涛、王丹丹、程少勇:《高速铁路对城市服务业集聚的影响》,《财经研究》2017 年第 7 期。

[18]邓涛涛、闫昱霖、王丹丹:《高速铁路对中国城市人口规模变化的影响》,《财贸研究》2019 年第 11 期。

[19]邓涛涛、王丹丹:《中国高速铁路建设加剧了"城市蔓延"吗?——来自地级城市的经验证据》,《财经研究》2018 年第 10 期。

[20]董艳梅、朱英明:《高铁建设能否重塑中国的经济空间布局:基于就业、工资和经济增长的区域异质性视角》,《中国工业经济》2016 年第 10 期。

[21]杜兴强、彭妙薇:《高铁开通会促进企业高级人才的流动吗?》,《经济管理》2017 年第 12 期。

[22]干春晖、郑若谷、余典范:《中国产业结构变迁对经济增长和波动的影响》,《经济研究》2011 年第 5 期。

[23]高波、王紫绮:《高铁开通提高了中国城市经济增长质量吗——基于劳动力流动视角的解释》,《产业经济研究》2021 年第 4 期。

[24]高翔、龙小宁、杨广亮:《交通基础设施与服务业发展——来自县级高速公路和第二次经济普查企业数据的证据》,《管理世界》2015 年第 8 期。

[25]韩宝龙、李琳:《区域产业创新驱动力的实证研究——基于隐性知识和地理邻近视角》,《科学学研究》2011 年第 2 期。

[26]韩剑、郑秋玲:《政府干预如何导致地区资源错配——基于行业内和行业间错配的分解》,《中国工业经济》2014 年第 11 期。

[27]胡静、程露萍、周密:《高铁对湖北省旅游产业集聚水平的影响》,《重庆交通大学

学报(社会科学版)》2015 年第 5 期。

[28]黄春芳、韩清:《长三角高铁运营与人口流动分布格局演进》,《上海经济研究》2021 年第 7 期。

[29]江海潮:《产业政策激励、产业剩余分配与产业政策效应》,《产业经济评论》2007 年第 12 期。

[30]江小涓:《论我国产业结构政策的实效和调整机制的转变》,《经济研究》1991 年第 4 期。

[31]蒋海兵、徐建刚、祁毅:《京沪高铁对区域中心城市陆路可达性影响》,《地理学报》2010 年第 10 期。

[32]焦勇:《生产要素地理集聚会影响产业结构变迁吗》,《统计研究》2015 年第 8 期。

[33]黎绍凯、朱卫平、刘东:《高铁能否促进产业结构升级:基于资源再配置的视角》,《南方经济》2020 年第 2 期。

[34]李保超、王朝辉、李龙等:《高速铁路对区域内部旅游可达性影响:以皖南国际文化旅游示范区为例》,《经济地理》2016 年第 9 期。

[35]李红昌、Linda Tjia、胡顺香:《中国高速铁路对沿线城市经济集聚与均等化的影响》,《数量经济技术经济研究》2016 年第 11 期。

[36]李健、徐海成:《技术进步与我国产业结构调整关系的实证研究》,《软科学》2011 年第 4 期。

[37]李金锴、钟昌标:《高铁开通、城市可达性与就业机会》,《软科学》2020 年第 11 期。

[38]李静、孙亚运、邓苠苠:《高铁时代的小城市发展——基于人口空心化的研究》,《财经研究》2021 年第 9 期。

[39]李祥妹、刘亚洲、曹丽萍:《高速铁路建设对人口流动空间的影响研究》,《中国人口·资源与环境》2014 年第 6 期。

[40]李欣泽、纪小乐、周灵灵:《高铁能改善企业资源配置吗? 来自中国工业企业数据库和高铁地理数据的微观证据》,《经济评论》2017 年第 6 期。

[41]李雪松、张雨迪、孙博文:《区域一体化促进了经济增长效率吗:基于长江经济带的实证分析》,《中国人口·资源与环境》2017 年第 1 期。

[42]李桢:《区域产业结构趋同的制度性诱因与策略选择》,《经济学动态》2012 年第 11 期。

[43]林毅夫、孙希芳:《经济发展的比较优势战略理论》,《国际经济评论》2003 年第
11 期。

[44]刘秉镰、刘玉海:《交通基础设施建设与中国制造业企业库存成本降低》,《中国工业经济》2011 年第 5 期。

[45]刘冲、周黎安:《高速公路建设与区域经济发展:来自中国县级水平的证据》,《经济科学》2014 年第 2 期。

[46]刘勇政、李岩:《中国的高速铁路建设与城市经济增长》,《金融研究》2017 年第
11 期。

[47]刘志红、王利辉:《交通基础设施的区域经济效应与影响机制研究——来自郑西高铁沿线的证据》,《经济科学》2017 年第 2 期。

[48]卢福财、詹先志:《高速铁路对沿线城市工业集聚的影响研究:基于中部城市面板数据的实证分析》,《当代财经》2017 年第 11 期。

[49]路风、慕玲:《本土创新、能力发展和竞争优势——中国激光视盘播放机工业的发展及其对政府作用的政策含义》,《管理世界》2003 年第 12 期。

[50]吕明元、孙献贞、吕清舟:《生态化中的产业结构内生于其要素禀赋结构的实证分析:基于中国 30 个省份的数据》,《软科学》2018 年第 10 期。

[51]年猛:《交通基础设施、经济增长与空间均等化——基于中国高速铁路的自然实验》,《财贸经济》2019 年第 8 期。

[52]潘文卿:《中国的区域关联与经济增长的空间溢出效应》,《经济研究》2012 年第
1 期。

[53]秦放鸣、张宇、刘泽楠:《高铁开通推动地区人力资本提升了吗?——基于双重差分模型的实证检验》,《上海经济研究》2019 年第 11 期。

[54]施震凯、邵军、王美昌:《创造还是破坏:高铁开通对制造业就业变动的影响效应》,《经济评论》2021 年第 1 期。

[55]苏顺虎:《高速铁路与转变经济发展方式》,《铁道经济研究》2010 年第 6 期。

[56]苏文俊、施海涛、王新军:《京沪高铁对鲁西南沿线主要城市的影响》,《复旦学报(自然科学版)》2009 年第 1 期。

[57]孙海波、焦翠红、林秀梅:《人力资本集聚对产业结构升级影响的非线性特征——基于 PSTR 模型的实证研究》,《经济科学》2017 年第 2 期。

[58]孙湘湘、周小亮、黄亮雄:《资本市场发展与产业结构升级》,《产业经济评论》2018 年第 6 期。

[59]唐代盛、冯慧超:《人力资本与产业结构耦合关系及其收入效应研究》,《当代经济管理》2019 年第 6 期。

[60]王宏顺、王静:《高速铁路对优化我国产业结构的作用》,《物流技术》2010 年第 23 期。

[61]王雨飞、倪鹏飞:《高速铁路影响下的经济增长溢出与区域空间优化》,《中国工业经济》2016 年第 2 期。

[62]武佳琪、张跃胜、陈一鸣:《中国铁路技术进步对产业结构的影响》,《管理学刊》2019 年第 1 期。

[63]宣烨、陆静、余泳泽:《高铁开通对高端服务业空间集聚的影响》,《财贸经济》2019 年第 9 期。

[64]杨骞、秦文晋:《中国产业结构优化升级的空间非均衡及收敛性研究》,《数量经济技术经济研究》2018 年第 11 期。

[65]杨金玉、罗勇根:《高铁开通的人力资本配置效应——基于专利发明人流动的视角》,《经济科学》2019 年第 6 期。

[66]杨丽君、邵军:《中国区域产业结构优化的再估算》,《数量经济技术经济研究》2018 年第 10 期。

[67]杨思莹、路京京:《绿色高铁:高铁开通的减排效应及作用机制》,《财经科学》2020 年第 8 期。

[68]叶宗裕:《关于多指标综合评价中指标正向化和无量纲化方法的选择》,《浙江统计》2003 年第 4 期。

[69]于泽、徐沛东:《资本深化与我国产业结构转型——基于中国 1987－2009 年 29 省数据的研究》,《经济学家》2014 年第 3 期。

[70]余泳泽、张先轸:《要素禀赋、适宜性创新模式选择与全要素生产率提升》,《管理世界》2015 年第 9 期。

[71]余泳泽、潘妍:《高铁开通缩小了城乡收入差距吗?——基于异质性劳动力转移视角的解释》,《中国农村经济》2019 年第 1 期。

[72]袁航、朱承亮:《国家高新区推动了中国产业结构转型升级吗》,《中国工业经济》

2018 年第 8 期。

[73]岳军:《制度创新:中国产业结构优化的出路所在》,《山东大学学报(哲学社会科学版)》2003 年第 5 期。

[74]张桂文、孙亚南:《人力资本与产业结构演进耦合关系的实证研究》,《中国人口科学》2014 年第 6 期。

[75]张俊:《高铁建设与县域经济发展? 基于卫星灯光数据的研究》,《经济学(季刊)》2017 年第 4 期。

[76]张克中、陶东杰:《交通基础设施的经济分布效应——来自高铁开通的证据》,《经济学动态》2016 年第 6 期。

[77]张明志、孙婷、姚鹏:《高铁开通对城市服务业集聚效率的影响》,《软科学》2019 年第 8 期。

[78]张明志、余东华、孙媛媛:《高铁开通对城市人口分布格局的重塑效应研究》,《中国人口科学》2018 年第 5 期。

[79]张楠楠、徐逸伦:《高速铁路对沿线区域发展的影响研究》,《地域研究与开发》2005 年第 3 期。

[80]张学良:《中国交通基础设施促进了区域经济增长吗? 兼论交通基础设施的空间溢出效应》,《中国社会科学》2012 年第 3 期。

[81]张雪薇、宗刚、朱慧珂:《高铁开通对劳动生产率的影响研究——基于生产性服务业集聚和产业结构变迁视角》,《软科学》2021 年第 2 期。

[82]张耀辉:《产业创新:新经济下的产业升级模式》,《数量经济技术经济研究》2002 年第 1 期。

[83]赵娟、林晓言:《京津城际铁路区域经济影响评价》,《铁道运输与经济》2010 年第 1 期。

[84]赵冉冉、沈春苗:《资本流动、产业集聚与产业结构升级——基于长三角 16 个中心市面板数据的经验分析》,《经济问题探索》2019 年第 6 期。

[85]周浩、郑筱婷:《交通基础设施质量与经济增长:来自中国铁路提速的证据》,《世界经济》2012 年第 1 期。

[86]周茂、陆毅、符大海:《贸易自由化与中国产业升级:事实与机制》,《世界经济》2016 年第 10 期。

［87］周玉龙、杨继东、黄阳华等:《高铁对城市地价的影响及其机制研究——来自微观土地交易的证据》,《中国工业经济》2018 年第 5 期。

［88］周振华、陈家骏:《我国经济增长方式转变的历史选择》,《学术季刊》1996 年第 4 期。

［89］朱从兵:《南昆铁路与西南社会经济发展》,《广西民族研究》1998 年第 1 期。

［90］朱文涛、顾乃华、谭周令:《高铁建设对中间站点城市服务业就业的影响:基于地区和行业异质性视角》,《当代财经》2018 年第 7 期。

［91］邹薇、代谦:《技术模仿、人力资本积累与经济赶超》,《中国社会科学》2003 年第 5 期。

［92］Atack,J., Haines, M. R., Margo, R. A., Railroads and the Rise of the factory: evidence for the United States, 1850—1870, *National Bureau of Economic Research*, 2008.

［93］Banerjee, A., Duflo, E., Qian, N., On the road: access to transportation infrastructure and economic growth in china, *Journal of Development Economics*, 2020, 17(3): 145-157.

［94］Baron, R. M, Kenny, D. A., The moderator-mediator variable distinction in social psychological research: conceptual, strategic, and statistical considerations, *Journal of personality and social psychology*, 1986, 51(6): 1173-1182.

［95］Blum, U., Haynes, K. E., Karlsson, C., The regional and urban effects of high-speed trains, *The Annals of Regional Science*, 1997, 31 (1): 1-20.

［96］Büchel, K., Kyburz, S., Fast track to growth? railway access, population growth and local displacement in 19th century Switzerland, *Journal of Economic Geography*, 2020, 20(1): 155-195.

［97］Chen, Z., Haynes, K., Zhou, Y., Daiz. High-Speed Rail and China's New Economic Geography: Impact Assessment from the Regional Science Perspective［D］. *Edward Elgar Publishing*: Cheltenham, UK. 2019.

［98］Chen, Z., Haynes, K. E., Impact of high speed rail on housing values: an observation from the Beijing-Shanghai line, Transp Geogr, 2015, 43: 91-100.

［99］Dalgıç B., Fazlıoğlu, B., Karaoğlan, D., Entry to foreign markets and productivity:

evidence from a matched sample of turkish manufacturing firms. Journal of international trade & economic development, 2015, 24(5-6): 638-659.

[100] Davis, J. C., Henderson, J. V., Evidence on the political economy of the urbanization process. *Journal of Urban Economics*, 2004, 53(1): 98-125.

[101] Debrezion, G., Pels, E., Rietveld, P., The impact of rail transport on real estate prices: an empirical analysis of the Dutch housing market. Urb. Stud. 2011, 48 (5): 997-1015.

[102] Deng, Y., Xu, H., International direct investment and transboundary pollution: An empirical analysis of complex networks, *Sustainability*, 2015(4): 3933-3957.

[103] Dobruszkes, F., High-speed rail and air transport competition in western Europe: a supply-oriented perspective. *Transport Policy*, 2011, 18(6): 870-879.

[104] Dong, X., Zheng, S., Kahn, M. E., The role of transportation speed in facilitating high skilled teamwork across cities. *Journal of Urban Economics*, 2020, 115: 103-212.

[105] Duranton, G., Turner, M. A., "Urban Growth and Transportation", *The Review of Economic Studies*, 2012, 79(4): 1407-1440.

[106] Elhorst, J. P., Applied spatial econometrics: raising the bar, Spatial Economic Analysis, 2010, 5(1): 9-28.

[107] Eppelsheimer, J, Mcmillen, D. P ., Human capital spillovers and the churning phenomenon: Analysing wage effects from gross in-and outflows of high-skilled workers, *Regional Science and Urban Economics*, 2019, 78(1): 1-19.

[108] Faber, B., Trade integration, market size, and industrialization: evidence from China´s national trunk highway system. *The Review of Economic Studies*, 2014, 81(3), 1046-1070.

[109] Fageda, X., Gonzalez-Aregall, M., Do all transport modes impact on industrial employment? Empirical evidence from the Spanish regions, Transport Policy, 2017, 55: 70-78.

[110] Falk, M., Seim, K., The impact of information technology on high-skilled labor in services: evidence from firm-level panel data, *Economics of Innovation and New*

Technology. 2001, 10(4): 289-299.

[111]Fingleton, B., Szumilo, N., Simulating the impact of transport infrastructure investment on wages: a dynamic spatial panel model approach. *Regional Science and Urban Economics*, 2019, 75: 148-164.

[112]Fu, X., Zhang, A., Lei, Z., Will china´s airline industry survive the entry of high-speed rail? *Research in Transportation Economics*, 2012, 35(1): 13-25.

[113]Garmendia, M, Urena,J., Ribalaygua, C., et al. ? Urban residential development in isolated small cities that are partially integrated in metropolitan areas by high-speed train, *European Urban and Regional Studies*, 2008, 15 (3): 249-264.

[114]Glaeser, E. L., Learning in cities, Journal of Urban Economics, 1999, 46 (2): 254-277.

[115]Greunzl, L., Industrial structure and innovation-evidence from European regions, Journal of Evolutionary Economics, 2004, 14(5): 563-592.

[116]Guirao, B., Campa,J. L., Casado-Sanz, N., Labour mobility between cities and metropolitan integration: the role of high speed rail commuting in Spain, *Cities*, 2018, 78: 140-154.

[117]Guirao, B., Campa,J. M., Cross effects between high speed rail lines and tourism: looking for empirical evidence using the Spanish case study, Transp. Res. Proc. 2016, 14, 392-440.

[118]Guirao, B., Lara-Galera, A., Campa,J. L., High speed rail commuting impacts on labour migration: the case of the concentration of metropolis in the madrid functional area. Land Use Policy the International Journal Covering All Aspects of Land Use, 2017, 66: 131-140.

[119]Guo, Y., Yu, W., Chen, Z., Zou, R., Impact of high-speed rail on urban economic development: An observation from the Beijing-Guangzhou line based on night-time light images, *Socio-Economic Planning Sciences*, 2020, 72 (1): 1-15.

[120]Gutiérrez, Location, economic potential and daily accessibility: analysis of the

accessibility impact of the high speed? line Madrid-Barcelona-French border, *Journal of Transport Geography*, 2001, 9(4): 229–242.

[121] Gutiérrez, R., González, Gómez, G., The European high-speed train network: Predicted effects on accessibility patterns, *Journal of Transport Geography*, 1996, 4(4):227–238.

[122] Haas, A., Osland, L., Commuting, migration, housing and labour markets: complex interactions, Urban Studies, 2014, 51(3): 463–476.

[123] Hall, P., Magic carpets and seamless webs: opportunities and constraints for high-speed trains in Europe, *Built environment*, 2009, 35(1): 59–69.

[124] Holl A., Highways and productivity in manufacturing firms, *Journal of Urban Economics*, 2016, 93: 131–151.

[125] Hunt, J., Gauthier-Loiselle, M., How much does immigration boost innovation? American Economic Journal: Macroeconomics, 2010, 2(2): 31–56.

[126] Jiang, B., Head Tail Breaks for Visualization of City Structure and Dynamics. *Cities*, 2014, 43(3): 69–77.

[127] Justman, M., Thisse, J. F., Local public funding of higher education when skilled labor is mobile. International Tax and Public Finance, 2000, 7: 247–258.

[128] Khandker, S. R., Koolwal, G. B., Samad, H. A., Handbook on impact evaluation : quantitative methods and practices. *World Bank Publications*, 2010, 25 (5), 441–441.

[129] Kong, D., Liu, L., Yang, Z., High-speed rails and rural-urban migrants' wages. *Economic Modelling*, 2021, 94, 1030–1042.

[130] Krugman, P., Increasing Returns and Economic Geography, *Journal of Political Economy*, 1991, 99, (3): 483–499.

[131] Leunig, T., Time Is Money: A Re-assessment of the Passenger Social Savings from Victorian British Railways. *The Journal of Economic History*, 2006, 66 (3): 635–673.

[132] Lewis, Arthur, W., The theory of economic growth, *George Allen & Unwin*.

London, 1955, 453.

[133] Lin, Y., Travel costs and urban specialization patterns: evidence from china's high speed railway system. *Journal of Urban Economics*, 2017, 98 (3): 98-123.

[134] Liu, S., Yang, X., Mcmillen D. P., et al, Human capital externalities or consumption spillovers? The effect of high-skill human capital across low-skill labor markets. *Social Science Electronic Publishing*, 2021.

[135] Liu, Y., Shen, J., Spatial patterns and determinants of skilled internal migration in China, 2000-2005. *Papers in Regional Science*, 2014, 93 (4): 749-771.

[136] Liu, Y., Xu, W., Shen, J., Wang, G., Market expansion, state intervention and wage differentials between economic sectors in urban China: A multilevel analysis. *Urban Studies*, 2016, 54: 2631-2651.

[137] Monte, F., Redding, S. J., Rossi-Hansberg, E., Commuting, Migration, and Local Employment Elasticities. *American Economic Review*, 2018, 108 (12): 3855-3890.

[138] Moyano, A., Coronado, J. M., Garmendía, M., How to choose the most efficient transport mode for weekend tourism journeys: an HSR and private vehicle comparison. *Open Transp*, 2016, J. 10 (Suppl. 1, M8): 84-96.

[139] Murakami, J., Cervero, R., High-speed rail and economic development: business agglomerations and policy implications. *Globalization*, 2012.

[140] Murphy, K. M., Andrei, S., Vishny, R. W., The allocation of talent: implications for growth. *Quarterly Journal of Economics*, 1991, 106 (2): 503-530.

[141] Nakamura, H., Ueda, T., The Impacts of the Shinkansen on the Regional Development [C]. Inthe Fifth World Conference on Transport Research, Yokobama, 1989.

[142] Pan, H., Zhang, M., Rail transit impacts on land use: evidence from Shanghai, China. Transport. Res. Record: J. Transport. Res. Board 2008, 2048 (1): 16-25.

[143] Pol P. M. J., The economic impact of the high-speed train on urban regions, General Information, 2003, 10: 4–18.

[144] Qin, Y., 'No county left behind?' The distributional impact of high-speed rail upgrades in China, Journal of Economic Geography, 2017, 17(3): 489–520.

[145] Shao, S., Tian, Z., Yang, L., High speed rail and urban service industry agglomeration: Evidence from China´s Yangtze River Delta region. *Journal of Transport Geography*, 2017, 64: 174–183.

[146] Shaw, S. L., Fang, Z., Lu, S, et al. Impacts of high speed rail on railroad network accessibility in China, *Journal of Transport Geography*, 2014, 40: 112–122.

[147] Smith, A., An Inquiry into the Nature and Causes of the Wealth of Nations. *John Wiley & Sons*, Ltd, 2015.

[148] Tone, Dealing with undesirable outputs in DEA: a slacks-based measure (SBM) approach, 2003.

[149] Vickerman, R., Ulied, A., Indirect and Wider Economic Impacts of High Speed Rail. In G. de Rus(Ed.), Economic A-nalysis of High Speed Rail in Europe, Madrid: Fundacion BBVA, 2009.

[150] Wang, D., Chen, T., Lu, L., Wang, L., Alan, A. L., Mechanism and HSR effect of spatial structure of regional tourist flow: case study of Beijing-Shanghai HSR in china. Acta Geographica Sinica, 2015, 2: 214–233.

[151] Wang, F., Wei, X., Liu, J., He, L., Gao, M., Impact of high-speed rail on population mobility and urbanisation: A case study on Yangtze River Delta urban agglomeration, China. Transportation Research Part A: Policy and Practice, 2019, 127: 99–114.

[152] Wang, L., Acheampong, R. A., He, S., High-speed rail network development effects on the growth and spatial dynamics of knowledge-intensive economy in major cities of china, *Cities*, 2020, 105(4): 102–122.

[153] Wang, L., Duan, X., High-speed rail network development and winner and loser cities in megaregions: The case study of Yangtze River Delta, China. *Cit-*

ies, 2018, 83, 71–82. Econ. J. Macroecon. 2018, 2, 31–56.

[154] Wang, L., High-speed rail services development and regional accessibility restructuring in megaregions: a case of the yangtze river delta, china. *Transport Policy*, 2018, 72(DEC.): 34–44.

[155] Wang, R., Ye, L., Chen, L., The impact of high-speed rail on housing prices: evidence from china's prefecture-level cities. *Sustainability*, 2019, 11.

[156] Weng, J, Zhu, X, Li, X., Impact of High-speed Rail on Destination Accessibility: A Case Study of China, *Journal of China Tourism Research*, 2020(1): 1–16.

[157] Willigers, J., van Wee, B., High-speed rail and office location choices. A stated choice experiment for the Netherlands. *Journal of Transport Geography*, 2011, 19(4): 745–754.

[158] Wu, B., Li, W., Chen, J., Networked transport and economic growth: does high-speed rail narrow the gap between cities in china? Sustainability, 2022, 14 (1): 4–13.

[159] Yang, Z., Pan, Y. H., Human Capital, Housing Prices, and Regional Economic Development: Will "Vying for Talent" through Policy Succeed?, *Cities*, 2020, 98(1): 1–13.

[160] Yin, M., Bertolini, L., Duan, J., The effects of the high-speed railway on urban development: international experience and potential implications for China. Prog. Plan, 2015, 98, 1–52.

[161] Yu, F., Lin, F., Tang, Y., Zhong, C., High-speed railway to success? The effects of high-speed rail connection on regional economic development in China, Journal of Regional Science, 2019, 59(4): 723–742.

[162] Zahra, S. A., Neubaum, D. O., F, M. H., Entrepreneurship in medium-size companies: exploring the effects of ownership and governance systems, *Journal of Management*, 2000, 26(5): 947–976.

[163] Zheng, S., Du, R., How does urban agglomeration integration promote entrepreneurship in China? Evidence from regional human capital spillovers and mar-

ket integration, *Cities*, 2020, 3(3): 97-107.

[164] Zheng, S., M. E. Kahn, China's Bullet Trains Facilitate Market Integration and Mitigate the Cost of Megacity Growth, *Proceedings of the National Academy of Sciences of the UnitedStates of America*, 2013, 110(14): 1248-53.

[165] Zhu, P., Yu, T., Chen, Z., High-speed rail and urban decentralization in China, *Transportation Research Record*, 2015, 2475(1): 16-26.

责任编辑:刘敬文

图书在版编目(CIP)数据

高铁建设、劳动力流动对产业结构优化升级的影响研

究 / 冯其云著. —北京 : 人民出版社, 2023.8

ISBN 978-7-01-025905-5

Ⅰ.①高… Ⅱ.①冯… Ⅲ.①高速铁路-影响-产业结构优化-

研究-中国②劳动力流动-影响-产业结构优化-研究-中国

Ⅳ. ①F121.3

中国国家版本馆 CIP 数据核字(2023)第 163110 号

高铁建设、劳动力流动对产业结构优化升级的影响研究

GAOTIE JIANSHE LAODONGLI LIUDONG DUI CHANYE

JIEGOU YOUHUA SHENGJI DE YINGXIANG YANJIU

冯其云　著

人民出版社 出版发行

(100706　北京市东城区隆福寺街 99 号)

中煤(北京)印务有限公司印刷　新华书店经销

2023 年 8 月第 1 版　　2023 年 8 月北京第 1 次印刷

开本:710 毫米×1000 毫米 1/16　印张:11.5

字数:150 千字

ISBN 978-7-01-025905-5　定价:60.00 元

邮购地址 100706　北京市东城区隆福寺街 99 号

人民东方图书销售中心　电话(010)65250042　65289539